岩 波 文 庫

33-619-7

自然宗教をめぐる対話

ヒ ュ ー ム 著
犬 塚　元 訳

岩 波 書 店

凡例

一、本書は、David Hume, *Dialogues concerning Natural Religion* の全訳である。翻訳にあたっては、著者の死後の一七七九年に公刊された初版本（全一五二頁、ESTC Citation Number T143297）を底本としつつ、草稿（スコットランド国立図書館所蔵、MS. 23162）、および、以下の現代の各版の校訂・補注を参考にして、テキストの正本と意味を確定した。（現代の各版については、それぞれを編者名で指示する。）

Norman Kemp Smith ed., *Dialogues concerning Natural Religion*, Thomas Nelson, 2nd ed., 1947.

A. Wayne Colver and John Valdimir Price eds., *The Natural History of Religion. Dialogues concerning Natural Religion*, Clarendon Press, 1976.

J. C. A. Gaskin ed., *Principal Writings on Religion: including Dialogues concerning Natural Religion, and The Natural History of Religion*, Oxford World's Classics, 1998.

Richard H. Popkin ed., *Dialogues concerning Natural Religion*, Hackett Pub., 2nd ed., 1998.

Dorothy Coleman ed., *Dialogues concerning Natural Religion and Other Writings*, Cambridge University Press, 2007.

一、本作品は、対話形式で書かれている。対話部分については、便宜のため、原文の表記方法とは異なって、話者名をゴシック体で示し、会話は引用符で示した。段落分けは原則として原文に従うが、複数の話者が語っている段落では、便宜的に、段落を分けている箇所がある。各章（パート）ごとに、下欄外に追記した段落番号は、原文の段落分けに従っている。

一、原文のイタリック表記（草稿で下線や二重下線を付された語句）には傍点を付し、大文字表記には引用符を付すことを原則とする。ただし、煩雑を避けるため、イタリック表記のうち、人名・地名・学派名などの固有名詞を示す場合や、慣用化されたラテン語の成句（たとえばア・プリオリ）は、傍点を省いた。また、命題や台詞がイタリック表記とされている場合は、傍点ではなく引用符で示した。対話篇の登場人物名は、原文ではイタリック体や大文字で表記されるが、煩雑になるため、傍点や引用符は付していない。

一、ヒュームによる原注は、原文では各頁に脚注で示されているが、本書では、当該段落に続けて記載した。訳注や補足は〔　〕を用いて本文中に示した。ただし、専門性が高い訳注は、読解を妨げないよう、後注とした。草稿に加えられている修正については、重要なものに限って後注に示した。

一、（　）の表記は、かならずしも原文どおりではない。文意や論述の展開を訳文にて明確に表現できるよう、訳者が（　）を付した箇所がある。

一、ヒューム自身の作品に言及する場合には、近年の標準的な方式に倣い、特定の版のページ数でなく、章や節や段落などの番号によって言及箇所を示す。原則として、『人間本性論』については巻・章・節・段落、『人間知性研究』や『宗教の自然史』については章・段落、の数字が示される。これらの作品については、クラレンドン版著作集 *The Clarendon Edition of the Works of David Hume* に従った。ヒュームの作品の既存の日本語訳については、参考にしたものを文献案内に収めた。

一、ヒュームが言及した作品、典拠と推定される作品について、日本語訳があるものは、代表的な翻訳を示した。ただし、訳文は変更している場合がある。

目　次

自然宗教をめぐる対話

パンフィルスよりヘルミップスへ

親愛なるヘルミップス。古代の哲学者たちは、自分たちの教えのほとんどを、対話形式で伝えました。ところが、そののちの時代には、こうした方法で執筆されることはほとんどなくなって、それを試してみる人が現れても、たいていは失敗に終わってしまった――このように語られてきました。たしかに、哲学を探究する人には、今日、緻密で規則的な論証が期待されるようになっています。そうした論証を採用すれば、おのずと順序だてて、教え諭すように論じるようになります。この場合には、前置きなしにすぐに、伝えたい大事な点を説明したり、そこから話の腰を折ることなくその論拠をたどったりできます。〔これに対して〕対話形式を用いて、そのなかで一つの「体系」を伝えようとすると、不自然さが避けられません。たとえば、対話形式を採る作者が、〔今日の哲学者のような〕直接的な叙述を避けることによって、作品を親しみやすくして、著者が読者に語るという体裁を避けたいと望んだとしましょう。ところが、それ以上の不都合が待ちかまえているのです。先生と生徒が向きあうという印象が生まれてしまうのです。

あるいは、作者が、さまざまなトピックを散りばめたり、登場する語り手たちにバランスよく語らせたりして、楽しい仲間同士の自然な雰囲気のもとでなされる討論を描くとしましょう。しかし、前置きや話題の転換のために、あまりに時間を使いすぎてしまうことが多いのです。そんな場合に、優雅になされる対話だからといって、そのために失われてしまった対話のまとまり、簡潔さ、正確さの埋めあわせになっている——そう読者が考えるのは、まれでしょう(1)。

2 ところが、対話形式での執筆が、とくに適したテーマもあるのです。その場合には、対話形式のほうが、直接的で簡潔な叙述方法より、はるかに好ましいのです。

3 〔第一に、〕あまりに明白なので論争の余地は乏しいものの、とても重要なので繰り返して説き聞かせたほうがよいタイプの教説は、どんなものでも、こうした〔対話形式という〕取扱い方法を必要としているように思われます。この場合には、書きぶりさえ新しければ、テーマの陳腐さを埋めあわせることができるでしょう。生き生きとした会話を描けば、教えを受け入れさせられるでしょうし、また、さまざまな人物や性格が登場して多様なものの見方を示すならば、退屈や無駄と思われることもないでしょう。

4 〔第二に、〕これとは別に、あいまいで不確実であるため、人間の理性でははっきりとした結論に到達できないようなタイプの哲学の問いは、もし取り扱う必要があるのであれば、どんなものでも、おのずから〔多様な意見が語られる〕対話と会話の形式で語られるようになると思われます。だれもが理に適ったかたちでは確信をもてない場合には、理に適った人たちが、互いに違う意見をもつことは認められるでしょう。なんら結論が出なくても、相対立する考えが示されるのは、快い愉しみを提供してくれます。そして、扱っているテーマが興味をそそる面白いものであれば、その書物を通じて、わたしたちはある意味において仲間との集いへと誘われることになります。そのような書物はこうして、人生においてもっともすばらしくもっとも純粋な二つの快楽、学びと社交を結びつけるのです。

幸いにして、こうした事情のすべてが、〔啓示に依存しない宗教である〕「自然宗教」というテーマにはそなわっています。〔第一に、〕単一の神の存在ほどに、明白で確実な真理があるでしょうか。この点は、どんなに無知な時代にも認められてきました。なにより洗練された才人たちは、神の存在を示す新しい証拠や論証を提示しようと野心的に試みてきました。そして、この点ほどに重要な真理があるでしょうか。これは、わたしたちのあらゆる希望の土台であり、道徳のもっともたしかな基礎です。それは、社会のもっとも堅固な支えであり、わたしたちが思考や考察のなかで一瞬たりとも忘れてはならない唯一の原理なのです。〔第二に、〕ところが、明白にして重要であるこの真理を扱うにあたって、かの神聖なる存在者〔神〕の本性、神の属性、神の命令、神の摂理の計画をめぐって、答えが定まらない問いがどれほど生まれているでしょうか。そうした問いをめぐって人びとはこれまでずっと論争してきましたが、人間の理性は、いかなる確実な結論にも到達していません。しかし、これらは興味深いトピックなので、わたしたちがこれらをめぐって決着のつかない探究を止めることは不可能です。ただし、わたしたちがなにより緻密に探究してきた成果はどうかと言えば、いまだに疑問、不確実さ、矛盾ばかりです(2)。

わたしは、こうした点に先日気づきました。いつものように、夏の一時期をクレアンテスと一緒に過ごして、彼がフィロやデメアと交した対話に立ち会った際のことです。これについては、先日、不完全ながらに、あなたにご説明したとおりです。そのときのお話によれば、あなたはたいへんに好奇心をそそられたとのことでしたから、当然の流れとして、彼らの推論をもっと細部にまで立ち入って詳細にお伝えしなければいけませんね。そして、自然宗教というデリケートなテーマをめぐって彼らが主張した、さまざまな〔思想の〕体系をお示ししなければなりませんね。彼らの性格ははっきりと違うので、あなたの期待はさらに高まったのでした。クレアンテスの几帳面な哲学的気質を、フィロの勇み足の懐疑主義と対比してみたり、この二人のそれぞれの立場を、デメアの確固としてぶれない正統派の立場と比べてみたりしていましたね。わたしは若いので、彼らの論争をただ聞いていただけです。しかし、若さにつきものの好奇心ゆえに、彼らが繰り広げた論証全体の関連やつながりは、わたしの記憶に深く刻まれています。そのため、ここに再現するにあたって、彼らの論証のうちの重要な部分は、どれも省略したり取り違えたりはしていないはずです。(3)

第一章

わたし〔パンフィルス〕は、クレアンテスの書斎にみんなが座っているのを見つけて、これに加わった。すると、デメアが、クレアンテスに褒め言葉を贈った。クレアンテスが、わたしの教育にとても熱心なこと、揺るぎなく一貫してあらゆる友情のつながりを保ちつづけていることに関してであった。

デメア「パンフィルスの父親は、あなたの親友でしたね。その息子をあなたは教育している。役に立つあらゆる文芸と学問をこの子に授けるにあたって、あなたにかかったご苦労から判断してよいものなら、実のところ、この子をあなたの養子とみなすこともできそうですね。あなたが、勤勉なだけでなく、思慮に富んでいることはよく知っています。だからこそ、わたしが、自分の子どもたち〔の教育〕に関してまもってきたルールをお話しして、それが、あなたの実践とどれほど一致しているか、ぜひ知りたいのです。わたしが子どもたちを教育するにあたって従っているのは、「哲学を学ぶ者は、まずは論理学、次に倫理学、その次に自然学、すべての最後に、神々の本性を学ぶべきである」という、ある古代人の言葉にもとづく方法です。* この古代人は、自然神学というこの学問は、すべての学問のなかでもっとも深淵で難解であるため、それを学ぶ者には、もっとも円熟した判断力が要求されるとしています。そのほかのすべての学問で満たされた精神にだけは、自然神学を安全に教えられる、というのです。」

*原注　プルタルコス「ストア派の自己矛盾について」におけるクリュシッポス（『モラリア　一三』戸塚七郎訳、京都大学学術出版会、一九九七年、一三八—四〇頁）。

フィロ「宗教の原理をお子さんに教えるのが、そんなに遅いのですか。子どもたちが、 2
教育課程の全体のなかで、宗教のさまざまな見解をほとんど聞かないとなると、そうした見解をことごとく無視したり、拒否したりする危険はないのでしょうか。」

デメアが答えた。「わたしが、学ぶのをあと回しにしている自然神学というのは、人間の推論や論争の対象となる、学問としての自然神学だけです。子どもたちの心に早くから、神に対する敬虔の気持ちを育むことには、なにより細心の注意を払っています。教えや指図を繰り返すことを通じて、そして可能ならば模範を示すことも通じて、わたしは、宗教のあらゆる原理に対する習慣的な尊敬の念を、子どもたちのやわらかい心の奥深くに刻みこんでいます。さらに、子どもたちがそのほかの学問を学ぶ歩みのなかでは、それぞれの学問の不確実さにも言及しています。人びとは終わりなく論争を続けている、あらゆる哲学はあいまいである、傑出した天才のなかには単なる人間の理性の原理にすぎないものから珍妙で滑稽な結論を導きだした人もいる——そう言及するのです。このようにして、子どもたちの心に適度な服従の気持ちや自己無力感を植えつけたのち、ここに至ってためらいなく、わたしは、宗教の偉大なる神秘を子どもたちに伝えます。このようにすれば、哲学の思いあがった傲慢さが生みだす危険を心配することもありません。そういった哲学の傲慢さによって、このうえなくしっかりとうちたてられた教義や見解すら退けてしまう可能性もありますから。」

フィロ「お子さんたちの心に、早くから、神への敬虔の気持ちを育むというあなたの注意深さは、たしかにとても理に適っていますし、信仰心の薄れたこの非宗教的な時代にあって、なにより必要なことです。しかし、わたしが、あなたの教育のプランのなかでもっともすばらしいと思うのは、〔不確実さを免れないという〕哲学や学術の原理そのものから、〔宗教にとっての〕利点を導きだそうとする、あなたのやり方です。哲学や学術の原理は、自尊心や自己満足を高めてしまうために、どんな時代にあっても一般に、宗教の原理に対して破壊的でした。〔一方において、〕たしかに、一般の人（ヴァルガー）びとは、学問や深遠な探究にはまったく無知ですから、学問を修めた人たちのあいだで延々と続く〔宗教についての〕論争を目にすると、大抵は、哲学を全面的に軽蔑するようになると言ってよいでしょう。彼らは、こうした軽蔑を通じて、自分たちがそれまで教わってきた神学の核心部分をますます強く信じるようになるのです。〔他方において、〕学問や研究を生半可に囓(かじ)った人たちは、教義の根拠らしきものにたくさん触れて、それが最新でなによりもすばらしいことを知ると、人間の理性では、どんな難しいものでも扱うことができると考えてしまいます。そして彼らは、〔思索において〕あらゆる壁を傲慢に突破していって、神殿のもっとも奥に位置する聖域を汚(けが)してしまうのです。神を汚してしまうこうした勝手気ままを防ぐ策として、わたしたちが、そのもっとも確実な対処法であった無知を放棄したのちであっても、しかし、依然として、〔人間の理性を疑うという〕一つの対応策が残されている――この点については、クレアンテスも、わたしに賛成してくれるだろうと思っています。〔すなわち、人間の理性の不確実さを説く〕デメアの原理を改善して洗練させましょう。人間の理性の抱える弱さ、その視界の暗さや狭さを全面的に認識しましょう。人間の理性が、日常の生活や実践に関わるテーマを扱う場合でさえも不確実で、いつまでも矛盾だらけであることを、きちんと考慮しましょう。わたしたちの感覚そのものの誤りや偽りを、わたしたちの目の前に並べてみましょう。どんな体系であっても、その第一原理には克服しがたい難点が付随していることも、目の前に並べてみましょう。物質、原因と結果、延長〔物体の空間的広がり〕、空間、時間、運動、そして一言でまとめればあらゆる種類の量（これは、なんらかの確実性や明証性（エヴィデンス）を正当に主張できる唯一の学問が、研究対象としているものです）――こういったものの観念そのものにつきまとっている矛盾も、目の前に並べてみましょう。以上のようなトピックについて、幾人かの哲学者やほとんどすべての神学者・聖職者が行っているように、徹底的に解明してみるとどうでしょうか。その場合に、一体だれが、理性というこの脆弱な能力を信頼し続けられるでしょうか。崇高で、難解で、日常生活や経験からは隔絶した論点について理性が下す決定を、一体だれが、ほんの少しでも尊重できるでしょうか。そもそも、一つの石を成り立たせている各部分の結びつきや、あるいはそれ以前に、この石に延長を与えているそうした各部分の構成というような身近な対象さえ、説明不可能であり、そこには相互に対立して矛盾する事情が含まれているのです。それなのに、わたしたちは一体どんな確信をもって、世界の起源について結論を下したり、永遠〔の昔〕から永遠〔の未来〕へ進んでいく世界の歴史をたどったりすることができるものでしょうか。」

　フィロがこうして話しているあいだ、わたしは、デメアとクレアンテスの表情に、笑いを見てとれることができた。デメアの笑顔は、話の内容に無条件に満足していることを意味しているようだった。ところがクレアンテスの表情には、つくり笑いが見てとれた。それはあたかも、フィロの推論のなかに、嘲笑や偽りの悪意を嗅ぎとったかのようなつくり笑いだった。

5 **クレアンテス**「そうだとすると、フィロ、あなたの提案は、宗教の信仰を、哲学的な懐疑主義のうえに立脚させるということですよね。つまり、〔人間の理性を懐疑することによって〕すべてのそのほかの研究テーマから確実性や明証性が追い出されてしまうと、確実性や明証性は、すべてこうした神学の教義のもとに避難して逃れてくることとなり、そこで至高の力や権威を得るだろう――こうお考えになっているわけです。〔しかし、そもそも〕あなたの懐疑主義が、ご自分で言うほど絶対的か、真剣かどうか。それは、この集まりが終わったあとで、徐々に分かることでしょう。集まりが終わったとき、わたしたちには、あなたがドアから出ていったか、あるいは窓から出ていったかが分かるはずです。身体には重さがあって、落下すれば怪我をする可能性があるというのが、わたしたちの当てにならない感覚や、さらに当てにならない経験にもとづいた通俗的な見解なのですが、集まりが終わったとき、あなたがこの点を本当に疑っているのかどうか分かるはずなのです。デメア、このように考えてみると、こうした愉快な懐疑主義者一派に対するわたしたちの敵意は、ずいぶんと和らぐことになるのかもしれませんね。もし、懐疑主義者たちが本当に真剣であるならば、世間が、彼らの疑いや難癖や論争で長期にわたって困らせられることはないでしょう。もし、ただふざけているだけなら、彼らは、おそらくは意地の悪い嘲笑好きにすぎません。その場合には彼らは国家にも、哲学にも、あるいは宗教にも、そんなに危険な存在ではありえません。

（クレアンテスが続けた。）フィロ、ある人が、人間の理性の抱える多くの矛盾や不完全さをじっくりと検討したのち、たわむれに、信念のすべて、見解のすべてを完全に放棄してみたとします。しかしその彼が、そうした完全な懐疑主義の状態にとどまり続けたり、数時間にわたって行動において懐疑主義のふりを示したりすることが不可能なのは、間違いないでしょう。外界にある物体は、彼に働きかけます。情念が、彼を誘います。彼の哲学的憂鬱は、霧散してしまいます。自分の気分に最大限に無理強いしたとしても、わずかな時間すら、懐疑主義のあわれな見せかけを維持することはできないでしょうし、そもそも、どうしてそんな無理強いを自分に課さねばならないのでしょうか。この点で、この人が、自らの懐疑主義の原理を貫いて自分を満足させることは、まったく不可能です。ですから、総じて言えば、古代のピュロン主義者〔ピュロン（紀元前三六〇頃—二七〇頃）に由来する懐疑主義の学派〕の原理ほどに滑稽なものは、ほかにはありえません。もし彼らが、指摘されているように、本当に、自分たちの学校で聴いた演説から学んだ懐疑主義を、そのままあらゆるところに広めようとしたならば、そう言えるでしょう。そうした懐疑主義は、学校の演説のなかだけにとどめておくべきでした。

こうした観点からすると、ストア主義者〔キプロスのゼノン（紀元前三三六頃―二六五頃）に 7
由来する学派〕とピュロン主義者の両学派は、永遠の敵対者同士なのですが、両者には、とても似た点があるように思われます。あるタイミングの、ある気分のときに実行可能なことは、どんなタイミングの、どんな気分のときにも実行できるという誤った格率に、どちらの学派も立脚しているように思われるのです。〔ストア主義者はこう論じるでしょう。〕ストア的省察を通じて、心が、崇高なほど熱狂的になった徳の状態にまで高揚して、なんらかの種類の名誉や公共善に強く魅了されたとする。そのときには、そうした強い義務意識は、このうえない身体的な苦痛や苦難にも屈することはない。そして、同じようにすれば、おそらくは拷問の真っ最中であっても、笑って大喜びすらできる――もしこんなことが、ときに、事実として現実にありうるならば、哲学者は、自分の学校で、あるいは自らの書斎においてさえ、そうした熱狂に向けてもっともっと精進できるでしょう。そして、彼が思い描くことのできる、もっとも激しい苦痛やもっとも悲惨な出来事にも、想像のなかで耐えることができるはずです。しかし、そもそも彼は、この熱狂そのものについては、どのようにして維持できるのでしょうか。集中力は弛緩してしまいますし、思うように回復させられるわけではありません。雑用によって気持ちが逸(そ)れてしまうこともありますし、不意に不幸が襲ってくることもあります。こうして、哲学者は、少しずつ一般人〔と同じ状態〕へと下っていくのです。」

フィロが答えた。「ストア主義者と懐疑主義者をめぐるあなたの比較は認めましょう。しかし、併せてお分かりでしょうが、ストア主義において、心は、哲学の高みを維持できないにせよ、低く下ったにしても依然としてそれまでの気分をいくらかは保ちます。ストア的な推論の影響は、日常生活での行動において、そして活動の全体的な傾向を通じて現れてくるでしょう。〔実際に〕古代の学派、とくにゼノンの学派〔ストア派〕は、現在からすると驚異的に見える徳や恒心の模範を示しました。

> すべては、なんと空しい知恵であり、似て非なる哲学であったことか。
> それでも、議論をしていると快い妖術にかかったようになり、
> しばらくは苦痛や苦悩を忘れ、空しくても、とにかく希望をいだき、
> 頑な心をまるで三重の鋼鉄で覆うように強情な忍耐心で鎧うこともできた。
> 〔ミルトン『失楽園　上』平井正穂訳、岩波文庫、一九八一年、八六頁〕

同じように、もしある人が、理性は不確実であり、狭い範囲に限られる、という点をめぐる懐疑主義的な考察に慣れ親しむようになると、そのほかのテーマに省察を向けた場

8

合であっても、懐疑主義的な考察を完全に忘れることはないでしょう。そうした人は、(日常の行動においてとは言いませんが)哲学的な原理や推論において、こうした点についてなにも見解を育んでこなかった人や、人間の理性にずっと好意的な考えをもつ人とは違っていると思われることでしょう。

懐疑主義の理屈っぽい原理をどれほど突きつめて追究したとしても、そういう人だって、ほかの人たちと同じように活動し、生活し、社交しなければなりません。そして、こうした行動をする理由については、彼には、そうしなければならない絶対的な必要性のもとにあるということのほかに、理由を示す義務はありません。もしもその彼が、こうした必要性が命じる範囲を超えて思索を広げて、自然や道徳のさまざまなテーマについて哲学的に考えてみると、そうした哲学に従事するなかで出会うある種の快楽や満足に魅了されます。彼は、こうも考えます。だれもが、日常生活にあってすら、多かれ少なかれ、こうした哲学を行うことを迫られているのだ。わたしたちは幼いときからずっと、行動や推論における一般原理をつくりあげて、その原理をさらに一般的なものにしていっている。わたしたちが幅広く経験を積み重ねて、より強靱な理性をそなえるようになると、それに応じてわたしたちは絶えず、自らの原理をさらに一般的で包括的なものにしている。わたしたちが哲学と呼んでいるものは、同じ性質の営みを、ずっと規則的に、ずっと方法に従って行うことにほかならない――こう考えるのです。そういった〔自然や道徳のさまざまな〕テーマについて哲学することと、日常生活について推論することとのあいだには、本質的な違いはありません。哲学のほうは、より厳密で、より緻密な手続きの方法をそなえているので、（より多くの真理を期待できるわけではないにせよ）より大きな安定性を期待できる、というだけの違いなのです[1]。

ところが、わたしたちの視野が、人間界の出来事や、それをとりまく物体の特性を越
10
えてしまうとどうでしょうか。事物の現在の状態の前と後ろにある〔過去と未来という〕二つの永遠について思索してみるとどうでしょうか。宇宙の創造や形成について、あるいは霊魂の存在や特性について、あるいは始まりも終わりもなく存在する全知全能で、不変にして無限な、不可知の、単一の普遍的精神の力や働きについて思索してみるとどうでしょうか。すると、わたしたちは、懐疑主義とほとんど無縁でいられる状況からは遠く離れてしまい、自分たちの能力で扱える範囲をはるかに越えるところに来てしまったと懸念せざるをえなくなります。商業、道徳、政治、文芸批評に限定して思索する限り、わたしたちは、つねに良識（コモンセンス）や経験を頼りにします。そうした良識や経験は、わたしたちの哲学的結論を補強してくれますし、さらに、とても小難しくて洗練された推論の一切に関してわたしたちが適切にも感じる疑いを（少なくとも部分的には）取り除いてくれ

ます。しかし、神学における推論では、わたしたちには、〔良識や経験を頼りにできるという〕この強みはありません。そればかりか、ここにおいては、わたしたちが把握するにはあまりに大きすぎるとみなさざるをえない対象を扱うことになります。わたしたちの理解に馴染ませるためには、ほかのなによりも、多くのことを必要とする対象を扱うことになるのです。わたしたちは、異国を訪れた外国人のようなのです。すべてのものが疑わしく思われるはずですし、一緒に生活して社交する人びとの法や習慣を破ってしまう危険がつねにあります。こうしたテーマにおいて、〔良識や経験に依拠した〕わたしたちの通俗的(ヴァルガー)な推論方法をどこまで信頼すべきなのか——これについても、わたしたちは分かりません。というのも、日常生活においてさえ、そしてこの方法がとくに適した領域においてさえ、わたしたちは、そうした推論方法について説明することもままならないからです。わたしたちは、ある種の本能や必要性に全面的に導かれて、この方法を用いているのです。

11

　理性を抽象的に検討してみるならば、理性は、自らを論駁する屈強な論証を提示する、と懐疑主義者たちは口をそろえて主張しています。〔それゆえ〕わたしたちは、どんなテーマについてもどんな確信も確約も維持することができないはずであるが、しかし、そうなっていないのはなぜかと言えば、懐疑主義の推論があまりに洗練されすぎていて小難しいために、感覚や経験にもとづいたそれよりも堅固で自然な論証に対抗できないからである――彼らはこうも主張しています。ところが、明らかなように、わたしたちの論証が、〔感覚や経験にもとづいた堅固で自然な論証であるという〕こうした強みを失って日常生活から遠ざかってしまうときにはいつでも、このうえなく洗練された懐疑主義がそうした論証と同じ地平に立って、それに対抗したり拮抗したりできるようになるのです。もはや一方が、他方に優勢というわけではありません。心は、この両者のあいだで宙づりとならざるをえません。まさしく、この宙づり状態や均衡こそが、懐疑主義の勝利した状態なのです。」

クレアンテス「しかしフィロ、あなたもそうですし、理屈っぽい懐疑主義者のだれもがそうなのですが、あなたがたの教義や実践は、日常生活の行動においても、理論のこのうえなく難解な箇所においても、一貫性を欠いているように思われます。あなたがたは、懐疑主義を名乗っているにもかかわらず、明証性が示される部分についてはそれを支持しています。さらに、あなたがたの学派のなかには、確実性や確信を声高に主張する〔独断的な〕人たちと同じくらい、〔懐疑において〕断定的な人もいることが観察できます。〔さらに〕実際のところ、虹という不思議な現象をめぐるニュートンの説明について、彼の説明が細かく分析（アナトミー）している光線というテーマは、人間が理解するにはあまりに洗練されすぎている、という理由から却下しようとする人がいれば、滑稽ではないでしょうか。地動説をめぐるコペルニクスやガリレオの論証について、個別の反論をもちあわせてもいないのに、こうしたテーマはあまりにも壮大であまりに〔わたしたちには〕縁遠いので、視野が狭くて誤りやすい人間の理性では説明できない、という一般原理を理由にして同意を保留する人に対しては、一体なんと言いましょうか。

あなたもよくご存じのとおり、実際に、乱暴で無知なタイプの懐疑主義が存在しています。こういう懐疑主義のせいで、一般の人びとは、自分が簡単に理解できないことに対して広く偏見をいだいてしまっていて、手の込んだ推論がなければ証明や確立ができないような原理を、すべて却下してしまいます。〔このようにして〕このタイプの懐疑主義は、知識に対して致命的な影響を及ぼしますが、ところが、宗教に対してはそうではないのです。というのも、こうした懐疑主義をはっきりと公言する人たちは、一神論の(2)偉大なる真理や自然神学に同意するだけにとどまらず、昔ながらの迷信が推奨している、このうえなく不合理な信条に同意することさえ、よくあるからです。彼らは、ユークリッドの一番単純な命題でさえ信じようとしませんし関心すら示しませんが、ところが、魔女の存在は強く信じているのです。(3) しかし、〔これに対して、〕洗練された哲学的なタイプの懐疑主義者は、これとは正反対の非一貫性に陥っています。彼らは、もっとも難解な学問領域にまで研究を進めていって、発見した明証性（エヴィデンス）に対応するかたちで各段階において同意を与えています。彼らは、もっとも難解でもっとも縁遠い対象は、哲学によってこそもっともうまく説明できると認めるにさえ至っています。実際に、光線は精緻に分析（アナトマイズ）されていますし、天体の真の体系が発見されて確証されています。しかし、食品からの身体の栄養摂取については、依然として説明できない神秘のままです。物質の各部分がどのように結びついているかは、依然として理解不可能です。こうした事情ゆえに、このタイプの懐疑主義者たちは、それぞれの問いごとに明証性を別個に考察して、明らかになる明証性の程度にきちんと対応するかたちで、同意を与えざるをえないのです。彼らはこのようにして、自然、数学、道徳、政治の学問の一切を実践しています。そのうえでお尋ねしたいのですが、神学・宗教の学問においても、なぜ同じではないのでしょうか。なぜ、この種の結論についてだけは、明証性を個別に論じないままに、人間の理性は不十分である、という一般的な想定にもとづいて却下されねばならないのでしょうか。このような不平等な取り扱いは、偏見や情念が介在している明白な証拠ではないでしょうか。

　わたしたちの感覚は偽りやすく、わたしたちの知性は誤りやすく、わたしたちの抱く観念は、もっとも身近な対象である延長、持続、運動の観念でさえ、不合理や矛盾だらけである——あなたはそうお話になります。あなたはわたしに向けて、こうした〔人間の認識の営みの〕なかに見つけた難問を解決するか、矛盾を解消してみよとお話になりましたが、わたしには、そんな大仕事をする能力も暇もありません。そんなことは余計なことだと思っているのです。あなた自身の行動が、すべての局面においてご自分の原理を論駁しているのですから。あなたの行動は、学問、道徳、賢慮、振る舞いをめぐる世に受け入れられているすべての格率を〔あなたが実際には〕しっかりと前提にしていることを示しているのです。

　懐疑主義者は、哲学者の一学派ではなく、ただの嘘つきの一派にすぎない——ある有名な著述家*がこう言っています。わたしは、こんな乱暴な見解にはけっして賛同しませんが、しかし、わたしの見るところでは（悪く言うつもりはないのですが）、彼らは道化者か嘲笑好きの一派です。もっとも、わたしとしては、笑って楽しみたいときにはいつだって、もっと単純でもっと易しい娯楽を間違いなく選ぶでしょう。喜劇、小説、せいぜい歴史のほうが、こんな形而上学的な小難しい話や抽象論よりも、ずっと自然な気ばらしであるように思います。

＊原注　『考える技術』(4)〔アントワーヌ・アルノー、ピエール・ニコル『論理学、あるいは考える技術』一六六二年〕。

16 懐疑主義者が、学問と日常生活を、あるいは、ある学問と別の学問を区別してみたところで無駄なことなのです。論証は、〔学問か日常生活かを問わず〕どこで使われても、正しい論証であるならば類似した性質をもっていて、同一の説得力と明証性をそなえているのです。あるいは、もし、論証のあいだになんらかの違いがある場合であっても、神学や自然宗教の側に完全に利するようになっています。力学の多くの原理は、非常に難解な推論を基礎としていますが、学問に携わっていると名乗る人ならば、たとえ理屈っぽい懐疑主義者であってさえも、そうした原理に少しの疑問も抱きません。コペルニクスの体系には、なにより驚くべき逆説が含まれており、わたしたちの自然なものの捉え方、見たままの現象、わたしたちの感覚そのものに、なにより反しています。しかし、現在では修道士や宗教裁判官でさえ、コペルニクスの体系に対する反論を撤回せざるをえなくなっています。そうしたなかで、広い心をおもちで博識なフィロが、宗教の仮説について、ごく一般的な月並みの疑念を抱くというのですか。その宗教の仮説は、このうえなく単純で明白な論証にもとづいており、人為的に妨げられない限り、人の心にたやすく到達して受け入れられるものなのですが。

17 （クレアンテスは、デメアの方を向いて続けた。）ここには、学問史におけるいささか奇妙な状況を認めることができるのです。キリスト教が最初に創設された際に、哲学と、人びとに広まった宗教が結びついたのちには、宗教の教師たちのあいだでは、〔懐疑主義者と同じように〕理性に反対し、感覚に反対し、人間の検討や探究だけにもとづいた原理のすべてに反対するのが、普通のことでした。〔懐疑主義を信奉した〕古代のアカデメイア派が論じたすべてのトピックは、教父たちに継承されて、そののち幾時代にもわたってキリスト教世界のあらゆる学校や説教壇で語られていきました。宗教改革家たちは、〔人間の理性に懐疑的な〕同じ推論の原理、あるいは、むしろ同じ非難の原理を信奉しました。信仰の優位を讃えた彼らの賛辞のすべてには、なんらかのかたちで、人間が自然にそなえる理性に対する厳しい風刺が間違いなく挿入されていました。〔彼らと対立した〕ローマ教会の側の、非常に博学であった有名な聖職者*は、キリスト教を論理的に証明する本を書いていますが、そればかりか、このうえなく大胆で筋金入りのピュロン主義の立場からのあらゆる難癖を詰めこんだ論考も執筆しました(5)。〔キリスト教と懐疑主義のこうした長年の連帯に対抗して、ジョン・〕ロックこそが、信仰は理性の一種にほかならず、宗教は哲学の一部門にとどまると公然と主張した最初のキリスト教徒だったように思われます〔ロック『人間知性論 四』大槻春彦訳、岩波文庫、一九七七年、二九八―九九頁〕。道徳学、政治学、物理学において真理を確立するのと類似する論証の連鎖が、自然神学か啓示神学かを問わず、神学のすべての原理を発見するにあたってつねに用いられる――ロックはそう主張したのです。〔これに対してピエール・〕ベイルやそのほかのリベルタンたちは、教父や初期の宗教改革家たちの哲学的懐疑主義を悪用したのですが、それにもかかわらず、そうしたことで、さらにロック氏の正当な考えがより一層広まりました。〔こうした結果、人間の理性を疑う懐疑主義は批判的に扱われるようになり、〕そして現在では、推論や哲学に従事するすべての人は、無神論者と懐疑主義者はほとんど同義語であるとある意味において認めるに至っています。〔すでに示したように〕人が懐疑主義を唱える場合、だれも真剣ではないのは間違いありません。これと同じように、無神論を本気で主張する人もほとんどいないことを願っています。」

＊原注　ユエ氏〔ピエール・ダニエル・ユエ『人間の知性の弱さについての哲学的論考』一七二三年[6]〕。

フィロ「この話題をめぐる〔フランシス・〕ベイコン卿の名言を思い出しませんか。」

クレアンテスが返答した。「少しばかり哲学をかじると、人は無神論者になる。だが、哲学を深く修めれば人は宗教に向かう、ですね〔ベイコン「無神論について」、『随筆集』成田成寿訳、中公クラシックス、二〇一四年、一〇四頁〕。」

フィロ「それも、たいへんに賢明な見解ですね。しかし、わたしが考えているのは、別の一節です。そこでこの偉大な哲学者は、「神などいない」と心のなかで語るダヴィデの愚か者〔「詩編」第一四章第一節〕について触れたうえで、今日の無神論者は、二重に愚かであると論じています。というのも、彼らは、神はいないと胸中で語るだけでは満足せず、そうした不敬虔を口に出して語り、そのために軽率と無思慮の罪を二重に犯しているからです〔『聖なる省察』〕[7]。私が思うに、こうした人は、真剣であるとしても、それほど恐るべき存在ではありえないように思います。

しかし、あなた〔クレアンテス〕が、こうした愚か者の一員にわたしを加えるにしても、一点だけは言わずにはいられません。あなたは、宗教的になることもあれば反宗教的になることもあった懐疑主義の歴史をお話くださって、わたしたちを楽しませてくれましたが、そこから思いついたことです。わたしには、この点に関わる歩みの一切には、聖職者たちの策略の影が強く認められるように思われるのです。無神論や理神論[8]やそのほかの異端が生まれうるのは、ただ、世に受け入れられている見解を不遜にも疑って、人間の理性は万物を理解できるという信念を抱くことからである——〔人間の理性を懐疑する〕こうした考えを、古代の諸学派が解体したのちの無知の時代に、聖職者たちは抱いていました。当時は、教育が人間の心に強大な影響を及ぼしており、わたしたちの感覚や共通理解が伝えるものと同じくらいの強い力を及ぼしていました（筋金入りの懐疑主義者であっても、感覚や共通理解が示すものに、自らが左右されていることは認めるはずです）。ところが、現在では、教育が及ぼすことのできる影響力は大きく減少しました。人びとは、ずっと開かれるようになった世界との交流を通じて、さまざまな時代にさまざまな国民のあいだで広まっていたさまざまな原理を比較してみるようになりました。そして、わたしたちの賢明なる聖職者たちは、自分たちの哲学の体系全体を変更したのです。彼らは、〔理性を懐疑する〕ピュロン主義者やアカデメイア派の言葉でなく、〔理性を信仰の基礎とみなす〕ストア主義者やプラトン主義者やペリパトス派〔アリストテレスの学派〕の言葉を話すようになりました。すなわち、もしもわたしたちが人間の理性を信用しないならば、いまでは、わたしたちを宗教へと導く原理はほかにはないというのです。このようにして彼らは、ある時代には懐疑主義者であったのに、別の時代には独断論者となりました。どちらの体系にせよ、かの尊き紳士のみなさま〔聖職者たち〕(9)は、自分たちを人びとの上位に置くという自分たちの目的にもっとも適うものを、間違いなく、お気に入りの原理や公認の信条としているのです。」

クレアンテス「人が、自分たちの教義をもっともよくまもってくれるとみなした原理を採用するのは、ごく自然なことですし、そうした理に適った対応を説明するために、わざわざ聖職者の策略をもちだす必要もないでしょう。それに、ある一連の原理は正しく、採用されるべきだ、とわたしたちがもっとも強く確信するのは、一体どういう場合でしょうか。この原理は、真の宗教を確証して、無神論者やリベルタンや自由思想家のどんなグループの難癖をも退ける、と分かった場合であるのは間違いありません。」

第二章

1 **デメア**「クレアンテス、あなたがこの論証にすすめる際に、どちらから光を当てていたか――わたしがなにより驚かされたのは、この点であるとお伝えしないといけません。ひょっとするとお話の全体の調子から、あなたのことを、無神論者や不信心者の難癖に対抗して神の存在を主張しているのであって、必要に迫られてすべての宗教の根本にある〔神の存在という〕この原理の守護者となっているのだ、と考える人もいるかもしれません。しかし、神の存在は、いかなる意味でも、わたしたちのあいだで争われる問題ではないはずです。これほど確実で自明な真理を本気で疑った人はだれもいない、少なくとも良識をそなえた人はだれも疑っていない、とわたしは信じています。問われるべきは「神」の「存在」ではなく、その「本性」に関してなのです。そして、人間の知性の弱さゆえに、神の本性はわたしたちにはまったく理解不可能で、未知なのです。かの至高の精神〔神〕の本質、神の属性、神の存在の様態、神の持続の本性――こうした点や、神聖なる存在者〔神〕に関わるそのほかの個別的なすべての点は、人間には神秘なのです。

わたしたちは、有限で、か弱く、周りの見えていない被造物として、神の威厳ある存在の前に謙虚であるべきです。自分たちの儚(はかな)さを自覚して、神の限りない完全性を静かに礼拝すべきなのです。神の限りない完全性については、目が見もせず、耳が聞きもせず、人の心に思い浮かびもしませんでした〔「コリントの信徒への手紙　一」第二章第九節〕。それは、濃い雲で、人間の好奇心からは隠されています。この神聖なる闇のなかを潜ってみようとするのは、冒瀆です。神の本性や本質、神の命令や属性を覗き見ようとする厚顔さは、神の存在を否定する不敬虔に次いで、悪しきものなのです。

　ただし、ここにおいて、わたしの敬虔が、わたしの哲学を負かしてしまっているとあなたがお考えになるといけないですから、もし、この見解について裏付けが必要ということでしたら、自分の見解を偉大な権威によって支えておきたいと思います。おそらく、キリスト教の創設以来と言ってもよいかと思いますが、このテーマやそのほかの神学的テーマを取り扱ってきたすべての神学者を引用することが可能でしょう。しかし、いまは、敬虔と哲学の両面で等しく名高い一人に限りましょう。それは、〔ニコラ・〕マルブランシュ神父です。彼は、わたしの記憶では、次のように自分の考えを語っています。*

「神のことを精神(スピリット)と呼ぶのは、神とはなにかについて積極的に表現するためではなく、神が物質ではないという点を〔否定的に〕示すためでなければならない。神は、限りなく完全な存在者であり、この点をわたしたちは疑いえない。ところで、これと同じく、神が身体をそなえると仮に想定する場合であっても、神は人間の身体をまとっているなどと想像してはならない。神人同形論者たちは、〔人間は〕ほかのなによりもっとも完全な姿であるという口実のもとに、神は人間の身体をまとっていると主張してきたが、そのように想像してはならない。この点と同じように、神の精神には、人間が抱く観念が存在するとか、神の精神は、わたしたちの精神となんらかの類似性を有するなどと想像してはならない。わたしたちが知るもっとも完全なものは人間の精神であるなどという口実のもとに、そのように想像してはならない。そうではなくて、わたしたちが信じるべきは以下の点である。神は、物質的ではないにもかかわらず、物質の完全性を包摂している。それと同じように(……)神は、わたしたちが理解する意味における精神ではないにもかかわらず、被造された精神の完全性も包摂している。神の真実の名は「わたしはいる」〔「出エジプト記」第三章第一四節〕であり、言葉を換えれば、制約なき存在者、一切の存在者、無限にして普遍的な存在者である——われわれはこう信じるべきなのである。」」

＊原注　『真理の探究』第三巻第九章。(1)

フィロが答えた。「デメア、あなたが引き合いに出した偉大な権威や、引き合いに出すことが可能な、さらに数多くの偉大な権威のあとでは、わたしが自分の考えを付け足したりあなたの説に同意を示したりしても、滑稽に見えることでしょう。しかし、理に適った人がこうしたテーマを扱う場合に、問うことができるのは、神の存在に関してではなく、神の本性に関してのみであることは、たしかに間違いありません。〔まず、神の存在に関わる〕前者の真理については、あなたが巧みにお話になったように、疑う余地がなく自明です。原因なしに存在するものはありません。わたしたちは、この宇宙の根源的原因のことを〔それがどんなものであろうと〕「神」と呼んでいます。そして〔神の本性に関しては、〕敬虔なるわたしたちは、神にあらゆる種類の完全性を帰属させています。この根本的な真理について、少しでもためらいを示す人は、哲学者の仲間うちにおいて科すことのできる一切の罰――つまり最大級の嘲笑、侮蔑、否認――に値します。しかし、あらゆる完全性は、〔なにに帰属するどのような完全性なのかという意味において、帰属するものに相関する〕全面的に相対的なものなので、神のさまざまな属性を理解できると考えたり、神の完全性は、人間という被造物にそなわる完全性になにかしら類比（アナロジー）する〔あるいはなにかしら似ている〕などと想定したりしてはなりません。〔たとえば、〕わたしたちは、知恵、思考、計画（デザイン）、知識を、正当にも神に帰属させています。これらの言葉は、人間のあいだでは尊敬すべきもの〔を示す言葉〕であり、わたしたちは、これらのほかには、わたしたちが神を礼拝していることを表現できる言葉や概念をもたないからです。しかし、〔これらの〕わたしたちの観念は、神の完全性になんらかのかたちで対応しているとは考えないように用心しましょう。人間がそなえるこうした特質に、神の属性はなんらかのかたちで似ているとは考えないように用心しましょう。神は、わたしたちの限られた見方や理解力に対して、限りなく優越しています。神は、学校で論争する対象でなく、神殿で崇拝する対象なのです。

4 （フィロが続けた。）クレアンテス、実際のところは、〔神の本性は人間には分からないという〕この結論に到達するために、あなたの嫌いな自称懐疑主義に頼る必要はないのです。わたしたちの観念は、わたしたちの経験を越えることはありません。わたしたちは、神の属性や働きについて一切の経験がありません。〔従って神の観念はもちえない、という〕この三段論法の結論をわたしがお示しする必要はないでしょう。ご自身で推測できるはずです。わたしにとって嬉しいことに(あなたにとってもそうであるといいのですが)、正しい推論と健全な敬虔は、ここでは、同じ結論で一致しています。両者はともに、至高の存在者の、礼拝すべき神秘的にして理解を越えた本性を立証しているのです。」

5 **クレアンテス**は、フィロの敬虔な熱弁に応答するというよりは、デメアに向けて語った。「あれこれ回り道して時間をつぶさないように、わたしがこの点についてどう理解しているか、簡単にご説明しましょう。世界を見回してください。全体と、その各部分(パーツ)のことをよく考えてみてください。世界は一つの大きな機械にほかならないこと、それは、無数の小さな機械に分かれていること、さらにはそれらの小さな機械も、人間の感覚や能力では捉えて説明することができないほど細かく分かれていることが分かるでしょう。これらすべての多種多様な機械も、そしてそのもっとも細かなパーツですらも、正確に相互に調整されています。この点をこれまでにじっくりと考察した人のだれもが感嘆しています。不思議なまでにそれぞれの手段がそれぞれの目的に適合していることが、自然のすべてに行き渡っており、この点は——自然の側がはるかに優れてはいるのですが——人間の考案が生みだす産物と厳密に似ています。つまり、人間の計画、思考、知恵、知性がつくりだすものと似ています。従って、〔つくられた〕結果同士が互いに似ているため、わたしたちは、類比(アナロジー)のあらゆる規則にもとづいて、それぞれの原因についても同じように似ていると推測するに至るのです。そして、自然の創造者は、ある程度は、人間の精神に類似(シミラー)している、とわたしたちは推測するのです（もちろんのこと、なしとげた作品の偉大さに対応するように、自然の創造者のほうが、はるかに大きな能力をそなえてはいます）。このようなア・ポステリオリな論証〔経験にもとづく論証〕によって、さらに言えば、このア・ポステリオリな論証のみによって、わたしたちは、神の存在と、神が〔その本性において〕人間の精神や知性に類似していることを同時に証明するのです。」

6 **デメア**「クレアンテス、遠慮なくお話しますが、神が人間に類似している、というあなたの結論に、わたしはそもそも最初から同意できませんでした。まして、あなたがその点をうちたてようとして用いている手段については、なおさら認められません。なんということでしょうか！　神の存在を論理的に証明（デモンストレーション）できないとは！　抽象的な論証ができないとは！　ア・プリオリな証明〔経験に依拠しない論理的な証明〕ができないとは！　哲学者たちがこれまでさんざん主張してきた論証や証明は、すべてが虚偽、すべてが詭弁なのですか。このテーマに関して、わたしたちは経験と蓋然性を超えることはできないのでしょうか。神の大義に反しているとは言いませんが、しかし、このように率直さを装うことで、あなたは、間違いなく無神論者に利しているのですよ。無神論者は、単に論証や推論の力だけでは、そんな有利さに預かることなど到底できなかったのに。」

7 **フィロ**「わたしがこのテーマについて主としてひっかかるのは、クレアンテスが、宗教の論証のすべてを、経験に還元している点ではありません。そうではなくその論証が、〔論理的証明でなく経験にもとづいているという意味で〕劣った種類の、最高度の確実性や反駁不可能性でさえ欠いているように思われる点です。[2]石が落下するだろう、火が燃えるだろう、大地は固い――これらの点については、わたしたちは幾千回も観察してきました。ですから、同じ種類の新しい事例が示されると、わたしたちはためらうことなしに、慣れ親しんだ推測を行います。〔すなわち、〕事例同士が正確に類似する場合には、類似する出来事であると完全に確信して、それ以上に強い根拠（エヴィデンス）を求めることも、探すこともありません。しかし、事例同士が少しでも類似しない場合には、それに応じて、明証性（エヴィデンス）を減じることになります。そうして、最終的にわたしたちが、たいへんに弱い類比にすぎないとみなすこともあり、その場合は明らかに誤謬や不確実性と隣り合わせです。人間の血液循環について経験を得たのちには、わたしたちは、ティティウスやメウィウス〔架空の事例でよく用いられた典型的な古代ローマの人名〕にも同じことが生じていることは疑いません。しかし、カエルや魚の血液循環から、人間やそのほかの動物の血液循環を導くのは、（強力ではあるでしょうが）類比にもとづく単なる推定にすぎません。動物の血液循環についての経験から、植物の樹液循環を推測する場合には、類比にもとづく推論は、さらに弱いものとなります。この事例のような不完全な類比を拙速にも信じてしまった人は、より正しい経験によって、間違ってしまったと明らかにされます。

家を見ると、わたしたちは、それをつくった建築家や施工者がいたと最大限の確信のもとに結論しますよね、クレアンテス。そうした種類の原因〔建築家や施工者〕から生まれる、とわたしたちがこれまでに経験してきたのは、まさしく、そうした種類の結果〔家〕だからです。しかし、次のような主張は、間違いなくしないでしょう。宇宙は、家に似ている。だから〔家の場合と〕同一の確信のもとに、類似する原因を推測できる。あるいは、〔宇宙と家の〕類比は、この場合、全面に及ぶ完全なものである――こうした主張です。両者の違いは大きいので、この場合に最大限に主張できるのは、類似する原因をめぐっての、たかだか推理、憶測、想定にすぎません。そして、そんな主張が世間でどんなふうに受けとめられるかは、ご自身で想像してください(3)。」

クレアンテスが答えた。「たしかに、世間でまともには受けとめられないでしょうね。併せて、神の存在の証明は、たかだか推理か憶測にすぎないなどとわたしが認めたら、非難されたり嫌われたりしても、仕方がないでしょう。しかし、家においても、宇宙においても、それぞれの手段とそれぞれの目的が全体として調和している点は、そんなにごくわずかな類似なのでしょうか。〔いずれも〕目的因〔最終目的〕にもとづいて編成されている点については、どうでしょうか。〔いずれにも〕各パーツの秩序、均整、整序が存在する点はどうでしょうか。〔家において〕階段の各ステップは、人間の足がそれを使って登るために明らかに考案されています。この推測は確実であって、間違いようがありません。〔宇宙において〕人間の足も、歩いたり登ったりするために考案されています。この推測はたしかに、完全に確実というわけではありません。あなたがご指摘になった違いゆえです。しかし、だからといって、単なる想定や憶測という名に値するだけなのでしょうか。」

10 **デメア**は、彼の言葉をさえぎりながら叫んだ。「ああ、神よ！ わたしたちは一体どこに来てしまったのでしょうか。宗教を熱狂的に擁護する者が、神の証明は、完全な明証性を欠いていると認めてしまっているのです！ しかも、フィロよ、わたしは、神の本性には礼拝すべき神秘性がそなわることを証明するにあたって、あなたの助力を頼りにしたのに、そんなあなたも、〔経験から神を論じる〕クレアンテスのこういった滅茶苦茶な見解のすべてに同意するのですか。滅茶苦茶としか言いようがないですよ。こんな原理が、あのような権威をもちだして、パンフィルスのような若い人の前で主張されて、どうして黙っていられましょうか。」

11 **フィロ**が答えた。「お分かりではないようですが、わたしは、クレアンテスのやり方に従って彼と論議しているのです。そして、彼の信条が危険な帰結に行き着いてしまうことを示してみせることで、最後には、彼をわたしたちの見解のほうへ導こうと望んでいるのです。しかしどうやら、あなたがもっともご懸念なのは、ア・ポステリオリな論証についてのクレアンテスの説明のようですね。あなたは、ア・ポステリオリな論証が自分の手元をすり抜けて、どこかに行ってしまいそうなのを見て、この論証は偽りの姿を与えられており正しく論じられているとは信じがたい、とお考えなのですね。しかし、わたしは、クレアンテスの危険な原理にそのほかの点ではどれほど反対であるにしても、彼がア・ポステリオリな論証を正しく説明していることについては認めざるをえません。あなたにこの事情を説明して、この点について、あなたがこれ以上の疑念を感じることのないようにしてみたいと思います。

12
　ある人が、自分の知ったことや見てきたことのすべてを、取り除いてしまうと仮定しましょう。その場合に彼が、もともともっている観念だけにもとづいて、宇宙がどんな光景であるはずかを確定するのは、まったく不可能でしょう。物事がある状態・状況ではなく、別の状態・状況であると優先順位をつけるのも、まったく不可能でしょう。なぜなら、彼が〔経験とは関係なく〕はっきりと頭に思い描くもののどれについても、ありえないとか、矛盾を含んでいるとか評価することは〔経験をふまえなければ〕不可能であり、そのため、彼の想像力（ファンシー）が生みだすすべての妄想は、すべて同じ地位であるからです。彼が、ある観念や体系を選び、同じように可能性をそなえるほかの観念や体系を退けるのはなぜか、自分でその正当な理由を示すことも不可能でしょう。

13
　あらためて、その彼が目を開いて、実際のあるがままの世界をよく観察したと仮定します。そのあとでも彼は、最初は、どの出来事についてもその原因を特定することはできないでしょう。ましてや、事物の全体（つまり宇宙）の原因を特定することなど、不可能でしょう。ひょっとすると、彼は、自分の想像力（ファンシー）を放し飼いにするかもしれません。そうした想像力が、限りないほど多種多様な報告や説明をするかもしれません。そうした報告や説明は、そのすべてが同じように、ありうることです。しかし、すべてに同じように可能性があるので、彼は、自分がそのほかのものではなくある一つを選ぶことについて、満足のいく説明を自らに示すことはできないでしょう。ただ経験のみが、あらゆる現象の本当の原因を、彼に示すことができるのです。

　さて、デメア、この推論の方法に従えば、次のようになります〔この点は、実のところは、クレアンテス自身も暗黙のうちに認めています〕。秩序や整序があること、あるいは、目的因〔最終目的〕にもとづいた調和が存在することは、それ自身としては、〔それを生みだした原因たる〕計画の存在を証明しません。ただ、〔計画という〕そうした原理から生まれたことが経験される限りにおいて、証明されるのです。わたしたちが〔経験なしに〕ア・プリオリに知りうる限りでは、精神がそうであるのと同じように、物質も、その内部に、秩序を生みだす起源や源泉をもともと根源的にそなえている可能性があります。〔物質の〕いくつかの構成要素が、人間には知られていない内的原因にもとづいて、このうえなく精巧な整序をそなえるようになる――〔ア・プリオリに〕そう思い描くことは可能です。それは、同じように人間には知られていない内的原因にもとづいて、そうした構成要素の観念が、偉大なる普遍的精神のなかで、同じような整序をそなえるようになると思い描くことに比べて、困難があるわけではありません。この二つの想定には、同一の可能性があると認められるのです。しかし（クレアンテスに従うとするなら）、経験によって、両者には違いがあることが分かります。〔つまり経験によって、精神こそが秩序の原因であると示すことができるのです。まず、物質について検討してみましょう。〕いくつかの鉄片を、輪郭もかたちもあたえずに一緒に放り投げてみてください。鉄片はけっして、自ら整序をそなえて、時計になったりはしないでしょう。建築家なしで、石、モルタル、木が、家になったりはしません。ところが〔精神について検討するならば〕お分かりになるように、人間の精神において複数の観念は、人間には知られていない説明不可能な編成によって、自ら整序をそなえて、時計の計画や家の計画をつくりあげるのです。それゆえに、経験によって、物質のなかにではなく精神のなかにこそ、秩序を生みだす根源的原理があると証明されるのです。〔そのうえで〕わたしたちは、類似する結果があれば、類似する原因があると推測します。さまざまな手段とさまざまな目的の調和は、人間が考案して生みだした機械のなかに存在するのと同じように、宇宙のなかにも存在しています。それゆえ、両者の原因は似ているはずなのです。〔つまり宇宙を生みだした原因は、精神であるということになります。〕」

〔しかし〕わたしとしては、神と、人間という被造物はこのように似ているという主張 15
は、最初から不快であったと言わざるをえませんし、これは、健全な一神論者であれば我慢できないほどに、至高の存在者を貶（おとし）めていると考えざるをえません。それゆえ、デメア、あなたの助けを借りながら、わたしは、あなたが神の本性にある礼拝すべき神秘性と正当にも呼んだものを擁護して、クレアンテスのこうした推論を反駁してみたいと思います。わたしが、クレアンテスの推論について正しく説明したと本人が認めてくれれば、ですが。」

クレアンテスがこれに同意すると、**フィロ**は少し休んでから次のように続けた。 16

「事実に関するあらゆる推測は、経験に立脚する。あらゆる経験的推論が立脚するの 17
は、類似の原因であれば類似の結果が生まれることが証明され、そして、類似の結果であれば類似の原因から生まれたことが証明されるという想定である[4]——こうした点については、クレアンテス、いまあなたと大々的に論争するつもりはありません。しかし、お願いしたいのですが、正しく推論を行う人がだれであっても、経験〔が明らかにした因果〕を類似の事例に適用するにあたってどれほど細心の注意を払っているかを、よく観察してみてください。事例同士が厳密に類似するのでないならば、彼らは、過去の観察をどんな個別の現象に適用する場合であっても、全幅の信頼を寄せることはありません。状況が変化するならば、それがどんな変化であっても、その出来事に関して疑問を生むのです。これまでと違う新しい状況が、〔過去の経験の適用を妨げるほどに〕重要でも重大でもないことを確実に証明するためには、新しい経験が必要となります。量、場面、整序、年齢、大気の状態、周囲の物体――こうした個々のどんな変化であっても、まったく予期していなかった帰結を生みだす可能性があります。こうしたいずれかの変化があるにもかかわらず、以前に観察したのと類似する出来事が生じる、と確信をもって期待するのは、その対象がごく身近で慣れ親しんだものでない限り、最高度の軽率なのです。もしどこかに区別があるというのであれば、まさしくここにおける哲学者のゆっくりとした慎重な歩みこそが、一般の人びとの軽率な突進から区別されます。一般の人びとは、ほんのごくわずかな類似にもとづいて走り出してしまうので、識別することも考察することもまったくできないのです。

　ところが、クレアンテス、あなたは、家や船や家具や機械を宇宙になぞらえて、そうしたもののあいだのいくつかの点における類似にもとづいて、原因同士も類似していると推測して、大きな歩みで飛躍をしてしまいました。ここにおいて、あなたのいつもの

18

冷静さと哲学が保たれていたと考えることができるでしょうか。思考、計画、知性(人間やそのほかの動物に見出されるようなそれらのもの)は、宇宙のさまざまな源泉や原理のうちの、たった一つにすぎません。わたしたちが日々観察する、暑さや寒さ、引力や反発力、そのほかの多くのものと同じように、さまざまな源泉や原理のうちの一つなのです。そうした思考、計画、知性は、能動的な原因です。わたしたちが観察するとおり、この原因にもとづいて、〔人間の精神が物質で機械をつくるように、〕自然のある個別の部分が、ほかの部分に変化をもたらします。しかし、部分についての結論を、妥当性を保ったままに、全体へ適用することができるのでしょうか。〔部分と全体には〕大きな違いがあるため、なぞらえることも、推測することもまったく妨げられるのではないでしょうか。一本の髪の毛の成長を観察すると、一人の人間の発生についてなにか学ぶことができるのでしょうか。一枚の木の葉の発育をたとえ完全に知ったとしても、それが一本の木の生長についてなにか教えてくれるものでしょうか。

しかし、自然のある部分がほかの部分に及ぼす働きをとりあげて、これを、全体の起源についてのわたしたちの判断の基礎とする——この点は認めると仮定しましょう(こんなことはけっして認められませんけれども)。しかしそれでも、なぜ、こんな取るに足らず、弱く、限界のある原理を選択するのですか。この地球上における生物の理性や計画は、そんな類のものであると分かっているではないですか。わたしたちが思考と呼んでいる、脳のなかのこのささやかな動きには、わたしたちがこうして全宇宙のモデルとみなすほどの、特別な特権がなにか存在するのでしょうか。わたしたちには、自分たちを身贔屓（みびいき）にしてしまう偏りがあって、まったくもってあらゆる機会に、この思考なるものをもちだしてしまいます。しかし、健全な哲学は、こうした自然に生じる錯覚を注意深く警戒すべきなのです。(5)

（フィロが続けた。）わたしは、ある部分の働きから、全体の起源に関する正しい結論が導かれるという点を認めないばかりではありません。ある一つの部分が、非常に遠く離れた別の部分の尺度（ルール）になるという点も認めることはできません。ほかの惑星に住む生物が、人類と類似した思考、知性、理性、そのほかの能力をそなえている——そう結論する合理的根拠はあるのでしょうか。自然は、この小さな地球上にあっても、その働きは極端なまでに多種多様です。それなのに自然が、広大な宇宙の至るところで、いつでも自らを同じ姿のままにコピーしているなどと想像可能でしょうか。さらにわたしたちは、思考は〔宇宙のなかの〕この狭い一角だけに限られており、そこにおいても、活動する領域を限定していると想定することがありますが、仮にそのとおりであるならば、思考を、万物の根源的原因とみなすことに一体どんな妥当性があるのでしょうか。これと比べれば、視野の狭い農夫が、自分の家政をもって王国統治の尺度とみなしてしまうほうが、まだ許しようのある誤りです。

しかし、わたしたちが、人間の思考と理性に似た思考と理性が、全宇宙の至るところ 21
に見出されるという点を十分に確信した、ということにしましょう。さらに、この思考と理性の働きは、この地球で現れているよりも、そのほかの場所でははるかに強力で支配的であるということにしましょう。しかし、この場合でも、すでに構成されて整序されて調整された世界に見られる働きを、まだ誕生したばかりで、そうした〔完成した世界の〕構成と整序へと向かっている途上の世界に、なぜ妥当性をもって拡張できるのか、わたしには理解できません。観察によって、わたしたちは、完成した一個の動物のそなえる編成、行動、成長についていくらかを知ります。しかし、こうした観察を、子宮における胎児の成長や、まして男親の生殖器のなかでの微少生物の形成に適用するにあたっては、細心の注意が必要となります。わたしたちが知るように、自然には、わたしたちの乏しい経験にもとづくとしても、限りなく数多くの源泉や原理が存在しています。そうした源泉や原理は、自然が位置や状況を変えるたびに、たえず姿を見せます。そして、一つの宇宙の形成のような、新しい未知の状況において、どんな新しい未知の原理が自然を動かすか——これについては、わたしたちは、このうえなく軽率でない限りは、とても決定できるなどと主張できません。

22 この大いなる〔宇宙の〕体系の、ごくわずかな一部分だけが、ごく短時間のあいだだけ、ごく不完全なかたちで、わたしたちに示されているのです。それにもかかわらず、わたしたちは、それにもとづいて全体の起源について断定的に語るのでしょうか。

23 まったくすばらしい結論ですよね！　石、木材、レンガ、鉄、真鍮は、現時点のこの地球という小さな惑星においては、秩序や整序をそなえるためには、人間の技術や考案を必要とする。それゆえ、宇宙に最初に秩序と整序がそなわったのは、人間の技術に類似したなにかが存在したからである、というわけです。しかし、自然の一部分は、そこから遠く離れた別の部分にとっての尺度なのでしょうか。それは、全体にとっての尺度なのでしょうか。ごく小さな一部分が、宇宙の尺度なのでしょうか。ある状況のもとの自然は、それとは大きく異なる別の状況の自然にとって、確実な尺度なのでしょうか。

24 わたしがいまここで、〔古代ギリシアの詩人〕シモニデスの賢明なる判断保留を真似したとして、クレアンテス、あなたは、わたしを非難できるでしょうか。有名な話が伝えるところによれば、シモニデスは、〔シラクサ王〕ヒエロンから「神とはなにか」と尋ねられたとき、それを考えるため一日ほしいと求めて、そののち、さらに二日を要求して、このようにしていつまでも期限をひき延ばして、最後まで自分の定義や説明を示しませんでした〔キケロ『神々の本性について』、『キケロー選集　一一』山下太郎訳、岩波書店、二〇〇〇年、四四頁、ベイル『歴史批評辞典』の項目「シモニデス」、『ピエール・ベール著作集　五』野沢協訳、法政大学出版局、一九八七年、五六一―七一頁〕。もし、わたしが最初に「自分には分からない」と答えて、このテーマは自分の能力の範囲をはるかに越えると感づいていたならば、あなたは、それでも、わたしを非難できるでしょうか。あなたは好きなだけ、懐疑主義者や嘲笑好きといって罵倒するのかもしれません。しかし、わたしには、ずっと身近な多くのほかのテーマに関して、人間の理性が不完全で矛盾さえしていることが分かっているので、崇高で、わたしたちの観察の範囲から遠く離れたテーマについては、人間の理性が下す弱々しい憶測からは、どんな成功も期待することができないのです。二つの種類の対象が、これまでにはいつも一緒に結びついて観察されてきた場合には、わたしは習慣にもとづいて、一方の存在を見ればいつでも、他方の存在を推測することができます。そしてわたしはこれを、経験からの論証と呼ぶことができるでしょう。しかし、〔世界の起源という〕現在の事例のように、対象が単一・単独で、比較対象となるものもなければ、特別な類似性もないという場合には、どのようにしたらこの論証が可能になるか、これを説明するのは難しいでしょう(6)。そして、大真面目な面持ちで、「秩序ある宇宙は、人間の思考や技術に似たなんらかの思考や技術から生じたに違いない。なぜなら、わたしたちはそれを経験したのだから」などと言ってくる人がいるものでしょうか。もしこの推論を確実なものにするなら、わたしたちが、世界の起源について経験することが必要でしょう。人間の技術や考案にもとづいて、船や都市がつくられるのを見た、というのでは明らかに不十分なのです……。」

25 わたしの目に映ったところでは、フィロは、このような激しい口調で、いくらかは冗談と本気のあいだを行き来しながら話を続けていたのだが、クレアンテスの我慢し切れない表情を認めると、直ちに話を止めた。

クレアンテス「わたしが一つだけ言っておくべきだったのは、言葉を乱用しないでほしい、つまり、通俗的な言葉を使うことで哲学的な推論を滅茶苦茶にしないでほしい、という点です。ご存じのように、一般の人びとは、よく理性を経験から区別します。問われているのが、〔経験によって判定すべき〕ただ事実や存在に関わる事柄だけである場合ですら、そうしてしまうのです。しかし、ここで言われる理性を正しく分析してみると、それが、経験の一種にほかならないことが分かります。宇宙の起源が精神に由来することを、経験から証明する、というのは、地球の運動を経験から証明するという場合と同じように、日常の言葉遣いには反しています。そして、難癖をつけるのが好きな人は、あなたがわたしの推論に対してぶつけたのとまったく同じ〔経験を欠いているという〕反論を、コペルニクスの体系に対して投げかけるかもしれません。こう言うのです。あなたには、動いているのをご自身で見てきた、別の地球があるのですか。あなたには……。」

26 **フィロ**が言葉をさえぎって叫んだ。「そうです！　わたしたちには、別の地球があるのです。月は、もう一つの地球であって、わたしたちは、これがその中心を軸にして回転するのを観察しているのではないでしょうか。金星は、わたしたちが同じ現象を観察する、もう一つの地球ではないでしょうか。太陽の回転も、類比（アナロジー）にもとづいて、同じ理論を確証しないでしょうか。太陽の周りを公転するすべての惑星は、地球ではないのでしょうか。木星や土星の周りを公転して、これらの惑星とともに太陽の周りを動く衛星は、月ではないのでしょうか。こういった類比や類似が、わたしが言及しなかったそのほかのものと併せて、コペルニクスの体系の唯一の証明なのです。だからあなたには、同じような類比がそなわっていて自分の理論を支持しているかどうかを考察する必要があるのです。

27 （フィロが続けた。）クレアンテス、実際には、近代の天文学の体系はいまではあらゆる研究者が十分に受け入れており、わたしたちの初級教育においてさえ、その本質的な一部分となっています。そのため、わたしたちは普段は、その体系の土台となっている推論についてあまり注意深く検討することはありません。いまでは、このテーマを最初に論じた人たちについて学ぶことは、単なる物好きの対象となっていますが、ところが、そうした最初に論じた人たちは、強力な偏見との対決を余儀なくされていたのです。彼らは、自分たちの論証を人びとに広めて説得的にするために、あらゆる点について論証を展開しなければなりませんでした。ただし、世界の体系をめぐるガリレオの有名な対話を丁寧に読んでみると、この偉大な天才（人類史においてもっとも崇高な一人です）が、まず最初には、その当時に一般的になされていた区別には根拠がない、という点を全力で証明しようとしていたことが分かるでしょう。〔地上界の〕四元素の物質と、〔第五元素であるエーテルという〕天上界の物質の区別です。スコラ学は、感覚のもたらす錯覚にもとづいて、この区別を極端なまでに押しすすめました。スコラ学は天上界の物質について、発生しえない、崩壊しえない、変化しえない、通過しえないという学説をつくりあげて、他方の側の〔地上界の〕四元素の物質には、これとは正反対の一切の特質があるとしました。しかしガリレオは、月を手がかりにして、あらゆる点で〔天上界の〕月は地球に類似していることを証明したのです。すなわち、凸面状のかたち、光線に照らされないと本来的には暗黒であること、その密度、固体と液体に分かれていること、満ち欠けの変化、地球と月は相互に照らしあっていること、相互に及ぼす蝕、表面のでこぼこなどです〔ガリレイ『天文対話　上』青木靖三訳、岩波文庫、一九五九年、一九―一六二頁〕。人類は、こういった種類の多くの事例を、すべての惑星に関して手にしました。そしてそののちに、これらの天体が経験の適切な対象になったこと、さらには、天体同士の本性は類似しているために、同じ論証や現象をある天体からほかの天体へと拡張できることを、はっきりと理解したのです。

天文学者たちのこの注意深い進め方のなかに、クレアンテス、あなたは、ご自身に対 28
する非難を読みとることができるはずです。それどころかあなたは、自分の扱っているテーマが、人間の理性や探究の一切を越えてしまっていることを知るでしょう。あなたは、家の建築と、宇宙の発生のあいだの、なんらかの類似性を示したと主張できるのでしょうか。あなたは、各構成要素が最初に整序をそなえたときと似た状態の自然を、これまでに見たことがあるのでしょうか。あなたの目の前で、世界がつくられたことがあるのでしょうか。秩序の最初の出現から、その最終的な完成に至るまでの全過程の現象を観察する時間が、あなたにあったのでしょうか。もしあったならば、あなたの経験を説明して、あなたの理論をお示しください。」

第三章

1 **クレアンテス**が答えた。「このうえなく不合理な論証であっても、独創と発明の人の手にかかると、蓋然性があるように見えるものなのですね！　コペルニクスや彼の最初の弟子たちが、地上の物質と、天上界の物質の類似性を証明する必要があったのはなぜか。幾人かの哲学者が、古い体系に目を曇らされて、感覚で分かるいくつかの外観にもとづいて、この類似性を否定していたからです。この点がお分かりではないのですか、フィロ。ところが、一神論者には、〔神の生みだした〕自然の作品と、技術の生みだす作品の類似性を証明する必要はまったくありません。その類似性は自明であり、否定するのは不可能だからです。この点がお分かりではないのですか。物質（マター）が同じで、かたち（フォーム）が似ている――このこと以上に、その二つの作品を生みだした原因同士の類比を示して、万物の起源が神の目的と意図に由来することを確証するために、一体なにが必要というのでしょうか。率直に申しあげますが、あなたの反論は、運動を否定していた哲学者たちの複雑極まる難癖と変わりありませんよ。従って、そうした連中に対するのと同じように、本格的な論証や哲学より、むしろ例証、模範、実例によって論駁すべきでしょう。
〔そうした実例として、二つの思考実験をお示しします。〕それでは、想像してみてください。 2
雲間から、明瞭に発音された声が、人為でなしうる以上の大きな音量、人為でなしうる
以上の美しいリズムで聞こえてきました。この声は、一瞬のうちにすべての民族に行き
わたり、それぞれの民族に、それぞれの言語や方言で語りかけました。届いた言葉は、
正確な語義・意味を含むばかりか、人類の上に立つ、慈しみあふれる存在者に完全に似
つかわしい教えを伝えるものだったとしましょう。さてここにおいて、この声の原因に
ついて、ほんのわずかでも疑うことができましょうか。そして即座に、なんらかの計画
や目的が原因となってこの声が生まれた、とみなすはずではないでしょうか。ところが、
一神論の体系に嚙みついてくるのとまったく同じ反論（この名に値すればですが）が、以
上の推測にも向けられるように思わざるをえません。

あなたがた〔懐疑主義者たち〕は、こう言うのではないでしょうか。事実に関わる結論 3
は、すべてが経験にもとづいている。闇のなかで明瞭な声を聞いて、そこから人間が存
在することを推測するとき、わたしたちは、ただ〔声という〕結果同士が似ていることだ
けにもとづいて、原因同士についても同じように似ていると結論している。ところが、
この尋常ならざる声は、大音量で、広範囲に及び、あらゆる言語に対応しており、どん

な人間の声ともほとんど類比を欠いているので、〔声の〕原因同士が類比すると想定する理由が欠けている。従って、理性的で、賢く、一貫した語りは、どこからかは分からないが、風の偶然の音から生じたのであって、神の理性や知性から発したのではない――以上のような難癖のなかに、あなたは、ご自身がなさっている反論が含まれていることを明確に認めるでしょう。さらには、そういった難癖には、この事例の場合にも、他方の事例と同じように説得力があるはずはないことについても明確に認めてくれるとうれしく思います。

4 しかし、事例を、いま議論している宇宙の事例にもっと近づけるために、〔もう一つの思考実験のための〕二つの仮定を設定してみましょう。それらの仮定は、けっして不合理なわけでも、不可能なわけでもありません。まず、人類の全員に共通する普遍的で、変わらない言語が自然に存在していると仮定してください。次に、書物は〔人間のつくる産物ではなく〕自然の産物であって、動物や植物と同じように、遺伝と繁殖によって自分たちで種を永続させていると仮定してください。〔第一の仮定に関して、〕わたしたちが情念を表現するとき、そのいくつかの表現には、〔人類であればだれにでも通じる〕普遍的な言語が含まれています。また、どんな野獣にも自然にそなわる話し言葉があって、その言葉の数は限られているとはいえ、同じ種の動物はそれをはっきりと理解できます。〔第二の仮定に関して、動物と書物の二つを比べてみると、〕もっとも見事につくられた雄弁の作品であっても、もっとも粗野につくられた動物よりも、構成するパーツや考案は限りなく少ないわけです。従って、〔この書斎にある〕『イーリアス』や『アエネーイス』が繁殖するという仮定は、〔より単純な構造をもつという意味では、〕動植物の繁殖よりも、仮定として平易なものです。

5

　そのうえで、ご自分の書斎に入ると仮定してみてください。書斎は、仮定のとおり自然の産物である本で満たされていて、それらは、このうえなく洗練された理性や、このうえなく上品な美をそなえているのです。あなたが、そのどれか一冊をひもといたなら、その本を生みだした根源的原因は、精神や知性とこのうえなく強い類比をそなえている、という点をはたして疑うことができるでしょうか。その本は推論しますし、議論します。その本は、自らの見解や話題を説明したり、主張したり、熱心に語ったりします。その本は、ときには純粋な知性に訴えかけ、ときには情感に訴えてきます。その本は、テーマに即したあらゆる検討事項を収集して、配列して、巧みに飾り立てています。さてこの場合に、こういったすべてには、突きつめてみると実は意味はなにもないし、この本が、これを生みだした親の胎内で最初につくられたときには、思考や計画から生まれたわけでもない——あなたは、このように主張し続けることができるものでしょうか。あなたが強情であっても、そこまで意固地ではないはずです。あなたの懐疑主義風のおふざけや、やりたい放題でさえ、これほどまでに歴然とした不合理には恥じ入ってしまうことでしょう。

6 しかし、フィロ、このように仮定した〔原因として思考や計画を想定せざるをえない〕事例と、現実に存在する宇宙の事例に、なにか違いがあるとしても、その場合でもすべて、〔よりはっきりと思考や計画の存在を示すという点で〕宇宙の事例の側に有利となるのです。一匹の動物を解剖したほうが、リウィウスやタキトゥスを熟読するよりも、〔より複雑で精巧であるため、それをつくった原因たる〕計画が存在することについて、より強力な多くの実例が与えられます。他方で、あなたは、宇宙の事例について反論を語り始めた際、世界の最初の形成という尋常ならざる特異な場面に、わたしをさかのぼらせましたけれども、〔起源にさかのぼるという〕これと同じあらゆる反論は、この生長する書斎という仮定に対しても向けられますね。さあ、フィロ、以上をふまえて、曖昧さや言い逃れなしに、どちらかを選んでください。理性をそなえた本は、理性的な原因を証明しないと主張しますか。それとも、自然のあらゆる作品には、これと同じような〔理性的な〕一つの原因があると認めますか。

7 〔クレアンテスは続けた。〕ここで併せて指摘しておきたいのですが、〔神の存在を示す〕

この宗教的な論証は、あなたが大好きな懐疑主義によって弱められるどころか、むしろ、それから力を得ます。それによって、より議論の余地のない、堅固なものになっていくのです。あらゆる種類の、あらゆる論証や推論を退けてしまうのは、気取っているか、狂っているかのいずれかです。理に適った懐疑主義者であればなすべきとされていることとは、なんでしょうか。難解で迂遠で洗練された論証を退けること。良識や自然の平明な本能には従うこと。強い説得力をそなえた推論に打ちのめされて、最大限の無理強いでもしない限りそれを防ぐことができない場合には、どんな推論であってもそれに同意すること――以上だけなのです。さて、自然宗教を支持する論証は、明らかに、こうした種類の〔強い説得力をそなえた〕論証なのです。これを拒むことができるのは、このうえなく強情で頑迷な形而上学だけです。目を解剖するとしましょう。目の構造や考案を精査してみてください[(1)]。これをつくりあげた考案者の観念が、感覚のような力で、すぐにわきあがってこないかどうか、ご自身が感じたままにお伝えください。なにより明白な結論は、間違いなく、〔原因たる〕計画の存在を支持する結論です。〔これに対して〕時間、省察、研究を費やしてやっとのことで、難解ではあるが不真面目な反論が集まるようになって、これが不信心の手助けをするのです。それぞれの種のオスとメス、オスとメスの各パーツや本能の対応関係、生殖前後のオスとメスの情念や生活の一切の歩み――こうしたものを観察するだれもが、種の繁殖は自然が意図していると気づくはずではないでしょうか。このような無数の実例が、宇宙の至るところに姿をあらわにしています。そして、目的因〔最終目的〕にもとづいた不思議な調和ほどに、分かりやすくて、抗いがたい意味を伝えることのできる言葉はありません。以上をふまえると、これほど自然で、これほど説得的な論証を退けるためには、一体どれほどまでに、視野の狭い独断論を身につけないとならないことでしょうか。

作品のなかで、わたしたちは、〔美に関わる〕法則に反しているように思われる美しさ 8
に遭遇することがあります。そうした美は、批評のあらゆる原則や、これまでの名匠たちの権威に逆らって、気持ちを惹きつけて空想力を刺激します。もしも、あなたが主張するように、一神論を証明する論証が論理学の原則に反しているとしても、しかし、一神論の普遍的で反論しえない影響力が明確に証明しているのは、〔法則に反した美と〕似たような不規則的(イレギュラー)な論証がありうるという点です。どのように難癖がつけられようとも、秩序ある世界は、〔天から聞こえてくる〕一貫した明瞭な語りの事例と同じように、計画と意図の存在を異論の余地なく証明するものとして、引き続き受け入れられていくことでしょう。

こうした宗教的な論証が、無知な未開人・野蛮人に対しては、それに相応しい影響力 9

を及ぼさないこともときにはあるのは、認めましょう。それは、この論証が、曖昧で難しいからではありません。そうした未開人・野蛮人は、そのような論証について、自分自身で問うてみることをしないからです。〔たとえばこんな具合です。〕動物の不思議な構造は、どこから生まれるのだろうか。親の交尾からである。では、その親はどこから生まれるのだろうか。*彼ら*の親からか。少しでも離れてしまうと、対象は遠くに置かれることになって、未開人・野蛮人にとっては闇と混乱のなかに消えてしまうのです。未開人・野蛮人は、それ以上にたどってみようという好奇心に動かされることもありません。しかし、これは、独断論や懐疑主義ではなく愚鈍です。優れた友よ、これは、あなたの、探究好きでなんでも尋問する気質とは対極にある精神の状態です。あなたは、結果から原因へとたどってみることができます。どんな遠く離れた対象同士でも、比較することができます。あなたの最大の誤りは、思考や創意の不在ではなくて、それが有り余るほどに豊饒すぎることに由来しています。このために、多くの不必要な疑いや反論によって、あなたの生来の分別が抑圧されてしまっているのです。」

ヘルミップスよ、ここで、フィロが少しばかり困惑して混乱しているのが見てとれた。

10

ところが、フィロが返答をためらっているあいだに、彼にとっては幸いなことに、デメアが割りこんで彼の面目を保った。

11 **デメア**「クレアンテス、本や言語から導いたあなたの事例は、身近なだけに、たしかに、絶大な説得力がありますね。しかし、まさにだからこそ、ある種の危険も潜んでいるのではないですか。身近であるがゆえに、わたしたちは、神を理解した、神の本性や属性についてそれに相応しい観念を手にしたと思い込んでしまって、傲慢になってしまうのではないでしょうか。本を読むとわたしは、その著者の心と意図へと入りこみます。わたしは、ある意味において、しばらくのあいだは著者になるのです。そしてわたしは、執筆の際に著者の想像力のなかを駆け回ったさまざまな観念を、直接に感じたり、心に思い描いたりします。ところが、わたしたちは、これに似たアプローチを神に対しては、けっして適用することはできません。神のやり方は、わたしたちのやり方とは同じではないのです。神の属性は完全ですが、しかし理解不可能です。そして、この自然という一巻の本には、どんな理解可能な議論や推論をも超えるほどに、説明できない大いなる謎が含まれているのです。

12 古代のプラトン主義者たちは、ご存知のように、異教徒のすべての哲学者のなかで、もっとも宗教的で信心深かったのですが、しかし、彼らのうちの多く、とくにプロティノスは、知性や理解力を神の属性とみなすべきではないとはっきりと語っています。そして、神に対するわたしたちのもっとも完全なかたちの崇拝は、畏敬や尊敬や感謝や愛といった行いにあるのでなく、ある種の神秘的な自己否定、すなわち、わたしたちの能力すべての完全な停止にあると語っています。[2] こうした考えは、おそらくは、あまりに行き過ぎています。しかしそれでもやはり、神は人間の精神に類似しており、理解可能・把握可能であるとみなしてしまうとすれば、わたしたちは、このうえなく罪深くて、このうえなく視野の狭い身贔屓の罪を犯しており、自分たち自身を宇宙全体のモデルとしてしまっている――この点は認めなければなりません。

〔神と人間を比較してみましょう。〕人間の精神に生ずるすべての感情――感謝、憤怒、愛、友情、是認、非難、憐憫、競争心、羨望――は、人間の状態や状況に明白に関連するものであり、そうした状況にある人間の存在を維持したり、活動を促進したりするためにつくられています。それゆえ、至高の存在に、こうした感情をあてはめてみたり、至高の存在がこうした感情によって動いていると想定したりするのは不合理であるように思われますし、さらに、宇宙の現象は、そのような理論を支持しないでしょう。〔次に、感情とは別に、〕感覚に由来するわたしたちの観念のすべては、わたしたち自身にも明らかなように、間違っていて人を惑わせます。従って、至高の知性のうちに、そうした観念があると想定することはできません。そして、外的感覚の観念に、内的感情の観念が加わると、人間の知性を構成する中味のすべてとなりますから、以上からは、人間の知性と神の知性では、思考するにあたって用いる素材は、どれ一つとしていかなる点でも類似していないと結論できます。では、思考するにあたっての方法は、どうでしょうか。そもそも、どのようにしたら、人間の知性と神の知性を比較したり、どこかが似ていると想定したりできるものなのでしょうか。わたしたちの思考は、流動的で不確実で、はかなく、移ろいやすく、混ざりものです。もし、こうした点を除去してしまうと、思考の本質は絶対的に失われてしまいます。その場合に、思考や理性という名称を適用するならば、それは言葉の乱用でしょう。そうであっても、わたしたちが至高の存在者について語るにあたって、こうした言葉を使い続けるほうが敬虔で敬意ある態度であるというのならば(実際そのとおりです)、少なくとも、こうした場合にはそれらの言葉の意味は、まったく理解不可能である点は認めなければなりません。わたしたちの本性は弱いので、語り得ないほど崇高な神の属性にほんのわずかでも対応している観念には到達しえない——そう認めなければならないのです。」

第四章

1 **クレアンテス**「デメア、宗教の大義にとても真摯であるあなたが、それにもかかわらず、神の本性は神秘的で理解不可能であると説き、神は、人間という被造物と同じではないし似てもいない、と執拗なまでに主張するのは、わたしには奇妙に思われます(1)。神が、わたしたちには理解できない多くの力と属性をそなえていることについては、わたしは容易に認めることができます。しかし、わたしたちの抱く神の観念が、その意味する限りにおいて正しくも適切でもなくて、神の本当の本性に対応していないのならば、このテーマに関して、強く主張するに値するなにが存在するのか、わたしには分かりません。いかなる意味ももたないような名前が、それほど大きな重要性をもつものでしょうか。あるいは、*神秘主義者*であるあなたがたは、神は、絶対的に把握不可能であると主張していますが、万物の第一原因は、人間には知られておらず理解できないと主張する懐疑主義者や無神論者とは、一体どう違うのでしょうか。懐疑主義者や無神論者が、精神によって生みだされるという点を退けたのちに(ここでいう精神とは、わたしは人間の精神のほかは知らないので、人間の精神に似た精神のことです(2)、そのほかの理解可能な、ある特定の原因を自信満々に示そうものならば、その場合には、彼らの厚かましさは、度を外れていることになるはずです。他方で、懐疑主義者や無神論者が、未知なる普遍的原因のことを神や神性と呼ぶことを拒否すると仮定しましょう。そして、あなたが彼らに期待するような、数多くの崇高な賛辞や意味のない修辞を、彼らが神に付与することを拒否するとするならば、〔意味のない言葉を避ける〕彼らの良心はむしろ非常に誠実である、ということになってしまうはずです。」

デメアが答えた。「クレアンテス、穏やかで哲学的なクレアンテスが、レッテルを貼って論敵を論駁しようと試みたり、現代によくいる頑迷者や尋問好きのように、推論に頼るのではなく罵倒や演説に頼ったりするとは、一体だれが想像できたでしょうか。あるいは、クレアンテスは、このようなトピックは、簡単にそのままお返しできることが分かっていないのでしょうか。ご自分がわたしたちに与えた神秘主義者というレッテルと同じように、〔クレアンテスに対してお返しとして与えることのできる〕神人同形論者という呼び名が、蔑称であり、危険な帰結をもたらすとの含意があることが、分かっていないのでしょうか。実際の問題として、クレアンテスよ、神は、人間の精神や知性に類似するとあなたが論じるときに、そもそも、なにを主張しているのかを考えてみてください。

人間の精神とはなんでしょうか。それは、さまざまな能力や情念や感情や観念が組みあわさったものです。それらのものは、たしかに、一つの自我・人格として統一されてはいますが、しかし、やはり相互に異なっています。精神が推論を行うと、その議論を構成するさまざまな観念が、ある形式や秩序のもとに整序することになりますが、しかし、その全体は一瞬たりとも維持されず、すぐに別の整序へと移行していきます。新しい見解、新しい情念、新しい情愛、新しい感情が生じて、次々に精神の情景を変えていきます。そこには、想像できる限りでもっとも多彩な多様性や、もっとも速やかな移り変わりが生まれるのです(3)。これは、真の一神論者のだれもが神に帰する、かの完全なる不変性や純粋性とは、一体どのように整合するのでしょうか。真の一神論者によれば、神は、同じ一つの行いによって、過去、現在、未来を視野に収めます。神の愛と憎しみ、神の恵みと正義は、単一の分割できない働きです。神は、空間のどの点においても全面的な存在であり、持続するどの瞬間においても完成した存在なのです。移り変わり、変化、獲得、減少といったものは存在しません。神の存在のうちには、区別や多様性の片鱗は、ほんの少しもうかがうことができません。現在の神は、過去の神でも未来の神でもあり、新しい判断、感情、働きはなにも加わりません。神は、単一の純粋で完全な状態にて、確固として屹立しています。神のこの行いは、あの行いとは違う、あるいは、この判断や観念はごく最近つくられたものであり、続いて、別の違う判断や観念へと置き換わるであろう、などとまともに言うのは不可能なのです。」

3 **クレアンテス**「簡単に認められることですが、至高の存在者について、あなたが説明したほどにまで、完全な純粋性を主張する人は、完璧な神秘主義者です。そうした人は、わたしが彼らの見解から導きだした帰結のすべてについて、責めを負うべきです。一言で表現すれば、そうした人は、自覚なき無神論者なのです。というのも、神がわたしたちには把握できない属性をそなえているのは認められますが、しかし、神にとって本質的である知性的本性とは絶対的に整合しえない属性は、どんなものであっても神に帰属させてはならないからです。自らの行いや感情や観念には、違いも、移り変わりもないような精神。全面的に純粋であって、一切変化しないような精神——それは、思考も、理性も、意志も、感情も、愛も、憎しみも欠いた精神です。すなわち、そんなものは精神ではありません。こうしたものに精神という名前を与えるのは、言葉の乱用です。そんなことをするくらいなら、かたちをもたない限定された延長や、合成されていない数についてだって論じてもよいはずでしょう。」

4 **フィロ**「あなたが、いまだれを非難しているかを、どうか考えてみてください。このテーマは、健全で正統的な神学者・聖職者のほとんどが論じてきたのです。あなたは、健全で正統的な神学者・聖職者のすべてに、無神論者という呼称を与えているのですよ。あなたは最終的には、ご自身の評価にもとづいて、自分だけが、この世で唯一の健全な一神論者であるとおっしゃるのでしょう。しかし、偶像崇拝者が無神論者であるばかりか（これは正しい主張だと思います）、キリスト教の神学者たちも同じく無神論者であるとしたら、人類の普遍的同意にもとづいてあれほど称賛されてきた論証は、一体どうなってしまうのでしょうか。

5 しかし、あなたが、名前や権威によってはあまり左右されることがないのは分かっていますから、あなたの主張している神人同形論の問題点を、もう少しはっきりとお示ししましょう。建築家が、これからつくろうとする家のプランを自分の頭のなかにつくるのと同じように、神の精神のなかで世界のプランがつくられる。それは、さまざまな観念から構成されていて、それぞれに整序が与えられている――〈精神を物質の原因とみなす〉こうした想定には、一切の根拠がないことを証明してみましょう。

6 そのような想定によってなにが得られるかは、わたしたちが理性によって判断するにせよ、経験によって判断するにせよ、理解するのは容易ではないと考えます[4]。わたしたちは、さらに高くのぼっていって、あなたが決定的で納得できるとみなしたこの〈精神という〉原因の、さらにその原因を見つけてみる必要があります。

7 〔まず、〕もし、理性（ア・プリオリな探究にねざす抽象的理性のことを意味しています）が、因果に関する問いの一切についても〔ア・プリオリな探究の場合と〕同じように沈黙しないとするならば、理性は、少なくとも、次のような判断を下すでしょう。精神的世界（観念からなる宇宙）は、物質的世界（物からなる宇宙）が自らの原因を必要とするのと同程度には、自らの原因を必要とする。さらに、その整序が〔物質的世界のそれと〕類似するならば、精神的世界は〔物質的世界を生みだした原因と〕類似した原因を必要とするはずである。というのも、このテーマに関して異なった結論や異なった推測を生みだす、なにものかが存在しているでしょうか。〔理性によって〕抽象的に検討するならば、精神的世界と物質的世界は、完全に似たもの同士なのです。だから、一方の側の想定だけに、双方に共通するわけではない難点が付随するということはありません。[5]

8 次に、わたしたちが経験に助けを求めて、管轄を越えるテーマについてもなんらかの判断を下すように迫るとしましょう。経験も、ここで検討している点に関して、精神的世界と物質的世界のあいだに本質的な違いを認めることはできません。反対に経験も、精神的世界と物質的世界は類似する原理に支配されていること、そして、二つの世界はそれぞれの働きにおいて、どちらも同じように多様な原因に依存していることを見てとります。わたしたちには、精神的世界と物質的世界の小さな見本があります。わたしたちには、ち自身の精神が、一方の精神的世界に似ています。植物や動物の身体は、他方の物質的世界に似ています。それゆえ、これらのサンプルにもとづいて経験に判断してもらいましょう。原因がもっとも複雑なものとしては、〔精神的世界の〕思考を超えるものはないように思われます。思考の原因は、二人の人物に対して同じようには働きませんので、〔その結果として〕まったく同じように思考する二人は存在しません。また、同一人物であっても、実際には、二つの異なる時点でまったく同じように思考することはありません。年齢、身体の気質、気候、食物、交遊関係、書物、情念の違いのような個別的な事情の違い、あるいはさらに細かな点の違いは、それだけで、思考という不思議なしくみを変化させるには十分であって、大きく異なった運動や働きを思考に伝えます。〔これに対して、〕わたしたちが判断できる限りでは、植物や動物の身体については、動きがこれより複雑というわけではありません。その源泉や原理がこれより多様なわけでも、これより不思議に調整されているわけでもありません。

　では、以上をふまえてみると、あなたが自然の創造者とみなしている、かの存在者〔神〕の原因については、わたしたちは、どのようにしたら納得できるのでしょうか。つまり、あなたの神人同形論の体系において、物質的世界をたどっていって〔その原因として〕到達した精神的世界の、その原因について、わたしたちはどのようにしたら納得で

9

きるのでしょうか。〔物質的世界をたどったのと〕同じ理由にもとづいて、その精神的世界をたどっていって、〔その原因として〕別の精神的世界や、新たな知性ある原理に到達することはないのでしょうか。ところが〔そうはせずに〕もし精神的世界で止まって、それ以上は〔原因探しにおいて〕進まないというのならば、なぜ、ここまでは進むのでしょうか。なぜ、物質的世界では止まらないのでしょうか。無限に遡行しないとすれば、わたしたちはどのようにしたら納得できるのでしょうか。そして、そのように無限に進んだとして、結局のところ、どんな納得が待っているのでしょうか。〔大地を支える象を探し求めて、さらにその象を支える亀を探し求めた〕インドの哲学者と象の話を思い出しましょう〔ロック『人間知性論　二』大槻春彦訳、岩波文庫、一九七四年、二七頁〕。この話が、いまのこのテーマほどに、うまくあてはまったことはありません。もし、物質的世界が、それと類似する精神的世界を原因としているのなら、その精神的世界は、なにか別の世界を原因としているに違いない、などと進めていけば際限がありません。そうであるならば、現在の物質的世界を越えた先には、視線を向けないほうがましなはずです。わたしたちは、実際には、物質的世界にはその内部に自らの秩序の原理が含まれていると想定して、それが神であると主張しています。わたしたちが神聖なる存在者に早く到達すれば、それだけのぞましいでしょう。現世の体系を一歩でも越えて歩みだすと、詮索好きな気質をかき立ててしまうだけなのです。そんな気質を満足させることは不可能です。
　至高の存在者の理性は、さまざまな観念から構成されており、それらの観念は、自ら 10
の本性にもとづいて自らで秩序をつくりだす――このように語ることは、実際には、厳
密な意味を欠いたおしゃべりにすぎません。もし、ここに意味があるというのなら、物
質的世界を構成する各パーツは、自らの本性にもとづいて自らで秩序をつくりだす、と
いう主張にはなぜ意味がないのか、教えてほしいものです。一方の見解が理解不可能な
のに、どうして他方が理解可能でありうるでしょうか。
　既知の原因がないのに、自らで秩序をつくりだしていく観念については、たしかに、 11
わたしたちには経験があります。しかしわたしたちには、同じように秩序をつくりだし
ていく物質について、さらに数多くの経験があるのは間違いありません。〔動物の〕生殖
や〔植物の〕生長のすべての事例がそうです。その原因について正確に分析することは、
人間の理解力を越えています。さらに、わたしたちには、秩序を欠いた思考の体系、秩
序を欠いた物質の体系についての経験もあります。前者は狂気、後者は腐敗がそうです。
それゆえ、秩序は一方の側の世界にとって、他方の側の世界にとって以上に本質的であ
る、などとどうして考えられるのでしょうか。また、もしも双方の世界で、秩序が同じ
原因を必要とするにしても、あなたの体系によって一体なにが分かるというのでしょう

か。つまり、物からなる宇宙をたどっていって、それと類似する観念からなる宇宙へと到達する体系によって、なにが分かるのでしょうか。〔原因探しで〕一歩を踏みだしてしまうと、ずっと永久に歩くことになってしまうのです。それゆえ、わたしたちの探究の一切を、現在の世界に限定してその先には視線を向けないのが、わたしたちにとって賢明ではないのでしょうか。人間の知性の狭い範囲をはるかに超えるこうした思索によっては、どんな納得も得られません。

　クレアンテス、ご存じのように、ペリパトス派〔アリストテレスの学派〕は、ある現象の原因を尋ねられたときには、それらの能力や隠れた特質をもちだすのが一般的でした。たとえば、パンは、その栄養的能力によって栄養を与える、センナの葉はその下剤能力によって下剤させる、というのです。しかし、このごまかしは、無知を偽装しただけにすぎないことが明らかにされてきました。そして、ペリパトス派の哲学者は実際には、これらの現象の原因は分からないと正々堂々と告白した懐疑主義者や一般の人びとと同じことを、ずっと老獪なかたちで語っていたことが明らかにされてきました。これと同じなのです。至高の存在者が抱くさまざまな観念のあいだに秩序をつくりだす原因はなにか、と尋ねられたとします。あなたたち神人同形論者は、「原因は理性的能力です。これこそが神の本性なのです」という以外に、どんな原因を指摘できるのでしょうか。

しかし、これと類似するが、ただしあなたが主張するような知性ある創造者はもちださない答えが、世界の秩序を説明するにあたってなぜ同じように説得的ではないのか——これを明らかにするのは難しいでしょう。その類似した答えは、「これこそが物質の本性です。物質すべてには、秩序と均衡を生みだす能力が根源的にそなわっています」とただ言うだけです。これらの答えは〔どちらもなにも言っていないに等しく〕、わたしたちの無知を、より学識や洗練を加えたかたちで告白しているだけにすぎません。また、一方の〔神の本性をもちだす〕仮説は、一般の人びとの偏見に適っているという以外には、他方の〔物質の本性をもちだす〕仮説に対して実質的に勝っているところはありません。」

クレアンテスが答えた。「あなたは、いまの論証をたいへんに強調してお話になりましたが、それに対してお答えすることがいかに容易か、お分かりではないようです。フィロ、日常生活においてだって、わたしが、ある出来事の原因を示した場合に、その原因そのものを生みだした原因を示せなかったり、次から次に繰り出される新しい質問に答えられなかったりしたとして、そのことが〔わたしに対する〕なんらかの反論になるものでしょうか。そんな厳格なルールに、どんな哲学者が従うことができるというのでしょうか。哲学者たちは、究極的な原因は完全に未知であることを認めています。現象をたどっていって、どれほど洗練された原理に到達したにしても、そうした原理は、自分たちにとって依然として説明不可能であることが、彼らには分かっているのです。それは、一般の人びとにとって、そうした現象そのものが説明不可能であるのと同じです。〔しかしそれにもかかわらず、〕自然の秩序や整序、目的因〔最終目的〕にもとづく不思議な調和、各パーツ・器官の明白な用途や意図――これらすべてが、このうえなく明確な言葉によって、知性をそなえた原因の存在〔すなわち創造者の存在〕を証言しています。天と地も、同じ証言に加わっています。自然のコーラス全体が、自分たちの創造者を称賛する賛歌をうたい上げています。あなた一人、あるいはあなたとほんの幾人かだけが、この全体のハーモニーを乱しているのです。あなたは、難解な疑問、難癖、反論を語り始めます。原因の原因はなにかと問うのです。わたしには分かりません。どうでもいいことですし、興味はありません。わたしは神を見つけて、そこで探究を止めるのです。もっと利口な人か、もっと野心的な人には、もっと先に行ってもらいましょう。」

14 **フィロ**が答えた。「わたしは、もっと利口であるとも、もっと野心的であるとも言うつもりはありません。そしてまさにだからこそ、〔現在の世界を超えて〕もっと先にまで行こうとはしなかったのです。余計な苦労もなしに、最初からわたしを納得させたはずのものと同じ答えに最終的には甘んじるべきことが分かっているときは、とくにそんなことはしません。仮にわたしが、原因については依然として完全に無知なままにとどまらざるをえず、一切の原因についてまったく説明できないとしましょう。そんな場合には、わたしには、難点がすぐに全力で繰り返し襲いかかってくるに違いないことはお分かりいただけると思いますが、そうした難点を〔なんらかの適当な原因をもちだして〕その場しのぎで取り除いたとしても、なにもいいことはないとわたしは考えるはずです。自然学者たちが、個別の結果を、それよりも一般的な原因によって説明するのはまったく正当なことですが、ただし、そうした一般的な原因そのものは、突きつめると最終的には、完全に説明不可能なままです(6)。ところが、自然学者たちは間違いなく、ある個別の結果をある個別の原因によって説明することは、説得的であるとはけっして考えませんでした。個別の原因は、個別の結果そのもの以上に、説明可能なわけではないのです(7)。〔これと同じように、〕先行する計画なしに自らで整序をそなえる観念の体系は、同じようにして自らの秩序を生みだす物質の体系以上に、わずかでも説明可能なわけではありません。しかも、物質の体系の側の想定に、観念の体系の側の想定より多くの難点があるわけでもありません(8)。」

第五章

1 フィロが続けた。「しかし、あなたの神人同形論に含まれるさらなる難点をお示しするために、あなたの原理を新しい観点から検討してみましょう。「似た結果は、似た原因を証明する」。これが経験的論証です。しかも、あなたはこれこそが、唯一の神学的な論証であるとも言いました。さてここで、観察される結果同士が似ているほどに、そして、推測される原因同士が似ているほどに、論証がそれだけ強力であるのはたしかです。このどちらかが似ていないと、蓋然性は減少しますし、経験によって決定できることは少なくなります。以上の原理を疑うことはできませんし、その帰結を退けることもできません。

2 天文学における新しい発見はどれも、自然の作品が計り知れないほど偉大で壮大であることを証明しています。一神論の真の体系によれば、こうした発見は、神の存在を示す追加的な論証です。ところが、あなたの経験的一神論の仮説によれば、そうした天文学の新発見は、〔神の存在に対する〕数多くの反論になってしまうのです。〔神が生みだしたとされる自然の作品という〕結果は、人間の技術や考案の生みだす〔ささやかな〕結果とは、まるで似ていないことになるからです。というのも、ルクレティウス*は、世界についての古い〔学問〕体系に従っていたにもかかわらず、こう主張することができたからです。

宇宙を支配し得るほど、無限に巨大なるものはだれであろうか。
力強い手綱を手にとって、宇宙の深さを制御し得るほどの
力あるものはだれであろうか。
ありとあらゆる天空を一時に回転させ、
ありとあらゆる豊饒なる大地を天上の火をもって温め、
いかなる場所にでも、同時に姿を現すことができ〔……〕
このような神が一体、だれでありえようか。

キケロも、この推論はごく自然であると考えて、彼の対話篇に登場するエピクロス主義者にこう語らせました。「というのも、あなたがたの信奉するプラトンは、一体いかなる慧眼によって、かくも偉大で手の込んだ技——神が宇宙を製作し構築する際に用いた技——を認識することができたのか。かくも大いなる仕事を成し遂げるには、どれほど

の労力、鉄の道具、梃子、起重機、協力者を必要としたのだろうか。また、空気、火、水、土は、どのような仕方で製作者の意図に耳を傾け、従うことができたのだろうか**」。もし、〔神の作品は人間の作品とは比べようがないほど壮大であるという〕この論証に、以前の時代においてなんらかの説得力があったとすれば、現在では、どれほどそれ以上の大きな説得力があることでしょうか。現在では、〔学問の進展によって観察できる〕自然の範囲が限りなく拡大されて、そうした壮大な光景がわたしたちに示されることになったからです。〔神という〕これほどまでに制限なき原因についての観念を、人間の計画や発明が生みだすささやかな産物についてのわたしたちの経験からつくりあげるとすれば、あまりに不合理です。

　＊原注　第二巻第一〇九五行〔ルクレティウス『物の本質について』樋口勝彦訳、岩波文庫、一九六一年、一〇九頁。ヒュームによる引用はラテン語原文〕。

　＊＊原注　『神々の本性について』第一巻〔『キケロー選集　一一』一八頁。ヒュームによる引用はラテン語原文〕。

3

顕微鏡による発見は、新たな小宇宙を明らかにしています。あなたの考えに従うと、これもやはり〔神の存在に対する〕反論ですが、わたしの考えでは、これは〔神の存在を示す〕論証です。こういった種類の研究をさらに進めていけばいくほどに、万物の普遍的原因

〔神〕は人間とは大きく異なっているし、人間が経験・観察するいかなる対象とも大きく異なっている、とわたしたちはますます推測するように導かれていくでしょう。」

クレアンテスが答えた。「次にあなたは、解剖学、化学、植物学などにおける発見に
4 ついて、なにをおっしゃるのでしょうか。間違いなく、そうした発見は〔神の存在に対する〕反論ではありませんよ。それらは、〔神の〕技術と考案の、新しい実例を示しているだけです。それもやはり、無数の物がわたしたちに示す〔神の〕精神のイメージなのです。」

フィロ「人間の精神のような精神、と追加しておいてもらえますか。」

クレアンテスが答えた。「わたしは、そのほかの精神は知りませんよ。」

フィロが念を押した。「似ていれば似ているほど、すばらしいのですね。」

クレアンテス「そのとおりです。」

フィロがいそいそと、勝ち誇った様子で言った。「さて、クレアンテス、〔あなたの推
5 論の〕帰結をご覧になってください。第一に、あなたは、この推論の方法を採用したことで、神のどの属性についても、それが無限であるとの主張を一切放棄してしまっています。というのも、原因はもっぱら結果に対応すべきであり[1]、〔自然の作品という〕結果は、わたしたちが知る限りでは無限ではないので、あなたの想定を前提にする場合に、一体どんな主張をすれば〔その原因である〕神聖なる存在者に無限という属性を帰すことがで

きるのでしょうか。神は、人間という被造物とはほとんど類似していないとすると、わたしたちはこのうえなく恣意的な仮説に陥ってしまい、同時に神の存在の証明のすべてを弱めてしまう――あなたは、依然としてこう言い張るのでしょうね。

6 第二に、あなたの理論にもとづくとすると、神に完全性を帰すことができなくなります。神の有限な能力についてすら、完全性を帰すことができないのです。あるいは、神は、その業（わざ）において、誤り・間違い・自己矛盾から免れているとの想定も不可能です。自然の作品には、説明することのできない難点が数多く存在しています。もしも、完全なる創造者〔の存在〕がア・プリオリに証明されると仮定するならば、そうした難点は容易に解決されます。それは、無限の関係をたどることのできない人間の狭い能力ゆえの、単なる見かけ上の難点ということになります。ところが、〔経験に依拠する〕あなたの推論の方法に従うとすると、これらはすべて、本当の難点となります。そしておそらくは、これらの難点については、人間の技術や考案と似る新たな例として主張されるのでしょう。〔しかし〕少なくともあなたが認めなければならないのは、わたしたちの限られた視野からは、この〔世界の〕体系が、そのほかの可能な世界の体系、そのほかの実際に存在する世界の体系と比べてみた場合に、重大な欠陥を含んでいるのか、それとも特別な称賛に値するのかについては語りえないという点です。『アエネーイス』を聴かされた農夫は、それ以外の作品をこれまで一切知らないのに、この詩は、絶対的に無謬であると宣言したり、あるいは、人知の生みだした作品のなかで格別の地位にあると位置づけたりすらできるものでしょうか。

しかし、もし仮に、この世界が完全な作品だとしても、その作品のすばらしさのすべてを、その作り手に正当に帰すことができるかどうかは、依然としてはっきりしないのです。船を調べてみると、複雑で有益で美しいしくみをつくった職人の創意を、すばらしく思うはずです。そのうえで、その職人が駄目な職人であることが分かり、彼が他人を模倣したり、長い時間の移り変わりのなかで多くの試行錯誤や議論や論争を経て徐々に向上してきた技術を真似たりしていたら、わたしたちはどれほど驚くことでしょう。現在の世界の体系が歩みを始める前には、永遠の時間のなかで、失敗作として消えてしまった多くの世界があったのかもしれません。その場合には、たくさんの労力が払われて、たくさんの無駄な試みがなされて、そして無限の時間のなかで、世界をつくる技術に緩慢だが持続的な改善がなされたのです。このようなテーマについては、数多くの仮説を提案できますし、それ以上に数多くの仮説を想像することができますが、そうしたなかでどれが真実なのか、だれに結論できるでしょうか。そもそもどれが蓋然的かについてだって、だれに憶測できるでしょうか。

8 （フィロは続けた。）さらにあなたは、神の単一性を証明するために、ご自分の仮説からどんな論証らしきものを示せるのでしょうか。家や船をつくったり、都市を建設したり、政治共同体を形成したりするにあたっては、とても多くの人間が協働します。世界を考案してつくりあげるにあたって、なぜ、複数の神々が協力してはならないのでしょうか。このほうが、もっとずっと、人間のやり方に類似することになります。複数名で仕事を分けるとすれば、それぞれの神の属性をもっとずっと削減して、単一の神であれば想定せざるをえない広大な力や知識はなしですませられます（広大な力や知識というのは、あなた〔の推論の方法〕に従うならば、〔人間との類似性を弱めるので〕神の存在の証拠を弱めるだけでしょう）。また、人間のように、愚かで悪徳まみれの被造物であっても、計画を立案実行するにあたってよく団結できるのであれば、それよりも数段階も上まわって完全であると想定できる神や半神は、一体どれだけ団結できることでしょうか。

9 たしかに、必然性がないのに原因を増やすことは、真の哲学に反しています[2]。しかし、この原則は、現在の事例にはあてはまりません。宇宙をつくるのに必要な属性のすべてをそなえる単一の神〔の存在〕が、あなたの理論によってあらかじめ証明されるなら、ほかの神が存在するという想定は、たしかに（不合理ではないにせよ）不要でしょう。しかし、そうした必要な属性のすべてが、単一の主体のもとに結合されているのか、それとも、複数の独立した存在者に分散しているのかという問いは依然として残っています。一体、自然のどの現象をもちだせば、この論争に決着をつけられると主張できるのでしょうか。わたしたちは、天秤の一方に載せられた物体を見ると、視界から隠されていたとしても、天秤の反対側には、それと釣り合う同じ重量の重りがあると確信します。しかし、その重りが、複数が集まったものか、ひとまとまりの単一のものであるかについては、依然として疑うことができます。さらに、必要となる重りが、わたしたちの知るどんなひとまとまりのものよりも圧倒的に重いならば、複数のものが集まっているという想定のほうが、はるかに蓋然的で、自然です。宇宙をつくるのに必要となる絶大な力や能力をそなえた、単一の知性ある存在者（古代哲学の言い方では驚異的生物）は、あらゆる類比を超越した存在です。それは、そもそも理解すら超越しています。

　しかし、クレアンテス、まだあります。人間は死すべき存在であり、生殖によって種を新しくしています。この点は、すべての、生ある被造物に共通しています。ミルトンは、「この男性、女性という二つの大いなる性が〔……〕宇宙を生々躍動せしめているのであろう」と論じています〔『失楽園　下』平井正穂訳、岩波文庫、一九八一年、五三頁〕。これほど普遍的で、本質的なこの事情を、どうして、複数の、力が制限された〔と想定した場合の〕神々からは取り除かねばならないのでしょうか。ここにおいて、古代において論じられていた神々の系譜が甦ったことにご留意ください。

11 さらに、なぜ、〔肉体の類似性も想定する〕完全な神人同形論者にはならないのでしょうか。神や神々には肉体があり、目、鼻、口、耳などがある。こう主張しては、なぜ駄目なのでしょうか。エピクロスは、「だれもが、人間の姿のなかにある理性のほかには、理性を見たことがない。それゆえ、神々は人間の姿をもつに違いない」と主張しました。この論証は、キケロによって当然にも大いに嘲笑されていますが〔キケロ『神々の本性について』、『キケロー選集　一一』三七、五四―六五頁〕、しかし、あなたに従えば、堅固にして哲学的な論証となるのです。

12 クレアンテス、まとめましょう。あなたの仮説に従う人は、おそらくは、宇宙はある時点に、計画に類するものから生まれたと強く主張したり、あるいは憶測したりすることはできます。しかし、この立場を越えてしまうと、なに一つとして確約することができないのです。そしてそうした人は、そののちには、空想と仮説を最大限に思いのままに操って、自分の神学の委細の一切を確定するように放っておかれるのです。そうした人の知る限りにおいて、この世界は、至高の基準と比べて非常に欠陥が多くて不完全です。〔それゆえに、以下のような想定すら可能です。〕この世界は、ある幼い神が、手始めにつくってみた粗雑な試作品にすぎず、その神は、劣悪な技量を恥じてそののちにこれを見捨てた。あるいは、この世界は、ある従属的な地位の下級の神が単独でつくりあげた作品であり、上級の神々の嘲りの対象である。あるいは、この世界は、現役を引退したある神が、年老いて耄碌（もうろく）してからつくった作品であり、その神の亡きあとには、神から授かった最初の推進力と活動力を頼りにして、出鱈目に進み続けている。デメア、あなたが、こういった奇妙ないくつもの想定を聞いて、おぞましい気持ちを表情に見せるのも無理はありません。しかし、こういった想定、同じようなさらなる幾千もの想定は、わたしの仮説ではなくてクレアンテスの仮説なのです。神の属性は有限であると想定した瞬間から、こうしたすべてが生まれたのです。わたしには、これほど乱暴で不安定な神学体系が、体系をまったく欠くよりも、どの点でも勝っているとはとても思えません。」

13 **クレアンテス**が叫んだ。「わたしは、そんな想定は絶対に認めませんよ。ただし、おぞましいとは感じません。とくに、そうした想定をあなたが漫然とお話になる場合にはそうです。反対に、わたしは、これらの想定を聞いて嬉しく思いました。というのも、あなたが、なにより好き勝手に空想したにもかかわらず、宇宙には計画があるという仮説は放棄せずに、むしろ要所要所でそれに依拠せざるをえないことが分かりましたから。

わたしは、この点にあくまでもこだわっています。この点こそが、宗教の十分な基礎であると考えているのです。」

第六章

1 **デメア**「実際には、そんな不安定な基礎のうえにつくることができるのは、脆い建物となるはずです。神は単一か、多数か。わたしたちの存在が依存している神や神々は、完全か、不完全か。従属的な地位にあるのか、至高の地位か。死んでいるのか、生きているか――こうした点について不確実なままに、わたしたちは、神々にどんな信頼や信用を寄せられるのでしょうか。どんな信心や崇拝を神々に向けられるのでしょうか。どんな畏敬や服従を神々に払いうるのでしょうか。これでは、宗教の理論は、人生のあらゆる目的にまったく役に立たなくなってしまいます。そして、〔人生の実践的目的だけでなく〕思弁的な帰結に関してさえ、あなたに従うならば、宗教の理論は、不確実であるがゆえに、すべてにおいて危うく満足できないものとならざるをえません。」

2 **フィロ**「宗教の理論を、さらにもっと満足できないものにしてしまうような、別の仮説を思いつきました。この仮説は、クレアンテスが強く主張した推論の方法からは、蓋然性があるように見えるはずです。クレアンテスによれば、似た結果は似た原因から生じるという原理こそが、あらゆる宗教の基礎です。ところが、同じ種類の原理が、もう一つ存在しています。この原理も同じように確実で、経験という同じ起源に由来しています。すでに分かっているいくつかの点で類似性が観察された場合には、まだ分かっていない点でも類似性が見出されるであろう——これがその原理です。わたしたちが、もし人体の手足を見れば、隠れていたにしても、人間の頭もあるだろうと結論するのは、この原理にもとづいています。わたしたちが、壁の隙間から太陽の一部分を見れば、壁がなくなれば太陽全体が見えるだろうと結論するのは、この原理にもとづいています。手短に言えば、この推論の方法はとても明白で、身近なものですから、その確実性はまったく疑われることがありません。

さて、わたしたちに分かる範囲で宇宙を眺めてみましょう。すると、宇宙は、動物（つまりは有機体）に非常に似ていて、生命や運動という同様の原理で動いているように思われます。内部で絶え間なく物質が循環したとしても、無秩序は生まれません。各部分が絶え間なく消耗したとしても、不断に修復されます。システム全体を通じて、このうえなく密接な共感が認められます。それぞれの部分や構成要素は、それぞれに固有の役割を果たすことで、自らの維持と、全体の維持の両方のために活動しています。こうしてみると、世界は一つの動物であると、わたしは推測します。神は、世界の「魂」であり、世界を動かすとともに、世界によって動かされています。

クレアンテス、あなたは、この見解に少しも驚かないほどの学識をおもちですよね。ご存じのように、この見解は、古代のほとんどすべての有神論者が主張していたもので、4 彼らの言説や推論に広く見られます。古代の哲学者たちは、世界を神の仕上げた作品とみなすかのように、目的因〔最終目的〕にもとづいて推論する場合もありましたが、しかし、世界を神の身体とみなし、世界はそうした組織編成であるがゆえに神に従属しているとする考えが彼らのお気に入りだったように思われます。そのうえで、こう認めなければなりません。宇宙は、人間の技術や考案が生みだした作品よりも、人間の身体のほうに似ています。それゆえ、わたしたちの限られた類比を、もし自然の全体にまで適切なかたちで拡張できるならば、〔世界を神の作品とみなす〕近代の理論でなく、〔世界を神の身体とみなす〕古代の理論を支持する推測のほうが正しいように思われます。

古代の理論には、そのほかにも数多くの長所があり、古代の神学者たちはそうした長 5 所ゆえに、この理論を受容したのです。彼らのどんな考えにもなにより合致しなかったのは、身体を欠いた精神〔という考え〕でした。日常の経験になにより合致しなかったからです。身体を欠いた精神は、単なる霊的なものであり、彼らの感覚や認識では捉えられず、彼らは自然全体を通じてたった一つのその実例も観察しませんでした。〔これに対して〕彼らは、精神と身体については知っていました。どちらも感じたからです。彼らは、精神と身体のそれぞれにおける秩序、整序、構成、内部のしくみについても、同じように経験を通じて知っていました。そのうえで、そうした経験を宇宙に適用してみるのは、理に適ったことでした。さらに、神の精神と身体は、同時に生まれたのであり、どちらにも、それぞれの本性に固有で、欠かすことのできない秩序や整序がそなわると想定してみるのも、理に適っていました。

こうしてみると、ここには、〔身体をそなえるという共通性を説く〕新しいタイプの神人同形論が存在しています。クレアンテス、これは、あなたが熟考してみる価値のある神人同形論です。この理論は、大きな難点の一切を免れているように思われます。あなたは、間違いなく、〔教条的な神学のような〕体系化された偏見よりも、はるかに優れた学識をおもちです。それゆえ、動物の身体には、本来的にそれ自体のうちに〔あるいは未知の原因ゆえに〕秩序や構成がそなわっていると想定することに、なんの困難も認めないでしょう。それは、精神に、類似の秩序がそなわっていると想定するのになんの困難も認めないのと同じです。しかし、〔別のタイプの偏見である〕一般の人びとの偏見については、全面的に無視してはならないと考えるべきなのです。それは、身体と精神はつねに相互を伴うはずである、という偏見のことです。なぜ無視してはならないかと言えば、それは、一般の人びとの経験にもとづいているからです。これは、あなたがこうした神学の探究のすべてにおいて、従うと公言している唯一の導き手です。ここでもしあなたが、わたしたちの経験は限られているので、無制限の広がりをもつ自然について判断するには相応しくない基準であると言い張るならば、〔経験だけに従うという〕ご自分の仮説を完全に放棄してしまうことになります。その場合は、あなたはこれからは、（ご自分がそう呼んだ）わたしたちの神秘主義を採用して、神の本性が絶対的に認識不可能であることを認めなければなりません。」

クレアンテスが答えた。「この理論はとても自然なものですが、これまで思いもつき
ませんでした。ですから、この理論についてわずかな時間で検討・省察して、すぐに見 7
解をお伝えすることはできません。」

フィロ「あなたは、本当にとても慎重ですね。わたしが、あなたの体系のいずれかを検討するならば、反論や難点を話し始めるにあたって、あなたの半分ほどの注意や遠慮もなかったはずです。ともあれ、なにかお気づきになりましたら、ぜひともお話ください。」

クレアンテスが答えた。「それではそうします。世界は、たしかに、多くの点で動物
の身体に似ていますが、しかしこの類比には、もっとも重要な多くの点において欠点も 8

あるように思われます。〔世界には動物と違って〕感覚器官がありません。思考や理性の占める場所もなければ、運動や活動のはっきりとした源泉もありません。まとめますと、世界は、動物よりも植物によく似ているように思われますので、あなたの推測から、世界の魂〔としての神〕を結論するにはあまりに無理があります。

9 　さて次に、あなたの理論は、世界の永遠性を前提にしているように思われますが、それは、このうえなく強力な理由や蓋然性によって否定されうる原理であるように思われます。そのために、一つの論証をお示ししましょう。それはわたしの信じる限り、かつてだれもはっきりとは主張してこなかった論証です。〔他方で、同じ結論をわたしの論証とは違って、〕技芸や学問はごく最近に生まれたという点から推論する人びともいて[1]、彼らの推測に説得力が皆無というわけではありませんが、しかし、おそらくは人間社会の本性から導かれる考察がこれを論駁してしまうでしょう。人間社会は、無知と知識のあいだ、自由と隷属のあいだ、富と貧困のあいだを、絶え間なく変転する状態にあるのです。それゆえ、わたしたちの限られた経験からでは、どんな出来事がおきるか、おきないのかを、確信をもって予言することは不可能です。古代の学術と歴史は、野蛮民族〔ゲルマン人〕の侵入ののちには、完全に消滅する最大の危険に瀕したようです。その混乱があとわずかでも長期にわたって続いたり、あとわずかでも激しいものであったりすれば、いまから幾世紀前に世界におこったことを、今日のわたしたちが知ることはおそらくはなかったでしょう。それぱかりか、教皇たちの迷信が存在せず、古くからの普遍教会の外見を維持する目的のためにラテン語のわずかばかりの専門語(ジャーゴン)を保存することがなかったならば、ラテン語は、完全に失われてしまっていたはずです。その場合には、西洋世界は、完全な野蛮状態となり、〔一四五三年の〕コンスタンチノープルの陥落後に伝えられたギリシアの言語や学術を受け入れるのに適した状況ではなかったことでしょう。学術や書物が失われてしまったときには、機械的な技芸でさえも、大規模に衰退してしまったのでしょう。すると、容易に想像されることですが、伝承・伝説は、そうした技芸は実際よりもはるかに最近に生まれたと論じるようになるのでしょう。以上をふまえると、〔技芸や学問はごく最近に生まれたという点から〕世界の永遠性に反対するこうした通俗的な論証は、少しばかり脆弱なようです。

しかし、ここには、もっとよい論証の基礎がありそうです。〔わたしの論証をお示しします。〕ルクルス〔古代ローマ共和政の軍人ルキウス・リキニウス・ルクルス〕は、アジアからヨーロッパに桜の木を最初に移植した人でしたが、(2)しかし〔そののちには〕桜の木は、ヨーロッパの多くの気候のなかでとてもよく繁茂し、人間が栽培せずとも林のなかで育っています。はたして、悠久にわたる永遠の全期間に、アジアに行ってあれほど美味しい果物を自国に移植しようと考えたヨーロッパ人がただの一人もいなかった、などということがありえるでしょうか。あるいは、桜の木がひとたび移植されて栽培されたとすれば、どのようにしたら、そののちに絶滅しうるのでしょうか。帝国は興亡するかもしれませんし、自由と隷属は入れ替わるかもしれませんし、無知と知識が入れ替わることもありましょう。しかし、桜の木は、引き続きギリシア、スペイン、イタリアの林に残るでしょうし、人間社会のさまざまな変転によって影響を受けることはないでしょう。

　フランスにブドウが移植されてから、二千年も経過していません。しかし、世界にフランスほどブドウに相応しい場所はありません。馬、牛、羊、豚、犬、トウモロコシがアメリカで知られるようになってから、三世紀も経過していません。悠久にわたる永遠の全期間に生じるさまざまな変転において、ヨーロッパとアメリカ大陸の交流を開始できる一人のコロンブスも生まれなかった、などということがありえるでしょうか。それでは、すべての男性は一万年にわたって靴下をはいていたが、それを留めるガーターのことは考えもつかなかった、と想像するようなものです。以上のすべては、〔当然に生じるはずのことが、ごく最近に生じたことを意味しており、〕世界が若いこと、あるいは幼いことを、説得的に示す証拠であるように思われます。〔自然界としての〕世界は、人間社会を統御して方向付けている原理よりも、それ以上に恒常的で堅固な原理の働きに立脚しているのです。現在、西洋世界に見られるヨーロッパの動物と植物のすべては、その構成 12 要素が全面的に激変することでもない限り、絶滅することはないでしょう。」

フィロが答えた。「それで、そのような激変を否定する論証は、おもちなのでしょうか。全世界に及ぶ、強力でほとんど反論しようのない証拠があとづけているように、この地球のすべての部分は、長い時代にわたって完全に水で覆われ続けていました。物質は秩序と不可分であり、物質には秩序が本来的にそなわると考えられてきたのですが、しかし物質は、終わりのない永遠の歩みのあいだに、多くの大きな変動を受けやすいのです。地球の各部分が絶え間のない変化にさらされていることは、その全体もそのように変動していることを意味しているようです。しかし同時に観察できるように、わたしたちがこれまでに経験してきた変化や堕落のすべては、ある状態の秩序から別の状態の秩序への移行にほかなりません。物質が、完全に崩壊・混乱した状態にとどまることはできないのです。各部分のなかに見出されるものは全体にもある〔つまり世界もそうである〕と推測できます。少なくとも、これは、あなたがご自身の理論全体の土台にしている推論の方法です。そのうえで、わたしが、こういった種類の個別の体系のいずれかを弁護しなければならなくなったと仮定しましょう（わたしは、自分から進んでそんなことはしませんけれども）。わたしが一番もっともらしいと評価するのは、世界には、秩序という永遠にして本来的な原理がそなわっている(ただし、絶え間ない大きな変転や変化はある)とする体系です。この体系は、すべての難点を一挙に解決します。この解答は、あまりに一般的であるため、全面的に完璧なわけでも満足できるわけでもないかもしれません。しかしこれは、少なくとも、わたしたちがどの体系を支持するにしても、遅かれ早かれ依拠せざるをえない理論なのです。秩序という根源的・本来的な原理が、思考か物質のなかのどこかに存在しないのであれば、どのようにして事物は、現在の姿になりえたのでしょうか。そして、この体系は、わたしたちが思考と物質のいずれを優先させるかについては、まったく無関心で中立的です。どんな懐疑主義[3]的な仮説を採用しても、どんな宗教的な仮説を採用しても、偶然の占めるべき場所はなく、すべての事物は、間違いなく、堅固にして不可侵の法則によって統御されているのです。もしも、奥深くに潜んでいる事物の本質がわたしたちに明かされるのならば、現時点ではわたしたちが観念をもちようのない光景が見られるでしょう。その場合には、自然に存在するものがそなえる秩序を称賛するというよりも、わたしたちは、自然に存在するものは、その最小の一部分においても、別の配列を採ることは絶対的に不可能である点を明確に理解することでしょう。

13 仮に、だれかが、古代の異教徒の神学を復活させようとしていると仮定してみましょう。その神学は、ヘシオドス〔『仕事と日』、『ヘシオドス全作品』中務哲郎訳、京都大学学術出版会、二〇一三年、一七三頁〕から分かるように、自然の未知なる力から生まれた三万もの神々が、この地球を統治していると主張するものです。クレアンテス、当然にあなたは、こんな仮説からはなにも得られないといって反対するでしょう。もっと数が多いけれども、もっと不完全な存在であるすべての人間とすべての動物が、〔自然の未知なる力という〕それと同様の起源から直接に生まれたという想定だって同じくらい簡単にできる、といって反対するでしょう。〔別の想定も可能であるという〕これと同じ推測を、さらにもう一歩進めてみてください。すると、社会全体の力と完全性を一身にそなえる、単一の普遍的な神についてと同じようにして、数多くの神々が集まる集団についても説明可能であることがお分かりになるはずです。するとあなたは、ご自身の原理に立脚するならば、懐疑主義、多神論、一神論というすべての体系は同様の基礎に立脚することになり、このうちのどれか一つがそれ以外に対して優位な立場にあるわけではないと認めなければならないのです。あなたは、このようにして、ご自身の原理の誤りを知ることになるのです。(4)」

第七章

1 **フィロ**が続けた。「しかし、世界の魂〔としての神〕をめぐる古代の体系について検討していたら、ここで突然に、新しい考えを思いつきました。もし正しければ、あなた〔クレアンテス〕の推論のすべてをおおよそ転覆させるでしょうし、自信をおもちの様子の、あなたの最初の推測さえも否定してしまうはずの考えです。〔前章でも議論したように〕もし宇宙が、人間の技術が生みだす作品よりも、動物の身体や植物にずっと似ているとしましょう。この場合には、宇宙を生みだした原因は、人間の作品を生みだす原因より、動物の身体や植物を生みだす原因に似ているというほうが蓋然性が高いでしょう。すると、宇宙の起源は、理性や計画ではなくて生殖や生長に求められるべきということになりますね。こう考えると、あなたの結論は、〔経験にもとづくという〕あなたご自身の原理に従ったとしても、説得力を欠いており欠陥があります。」

2 **デメア**「この論証をもう少し話してくださいませんか。あなたがお話になったような、そんな簡単な説明では正しく理解できませんから。」

3 フィロが答えた。「わたしたちの友人クレアンテスは、あなたもお聞きになったように、事実に関わる問いは、経験だけでしか証明できないので、神の存在についても経験以外の証明は認められない、と主張しています。〔さらに〕クレアンテスによれば、世界は、人間の考案の生みだす作品に似ているので、それゆえ、世界を生みだした原因も、人間の考案の生みだす作品の原因に似ているはずというのです。ここでは、クレアンテスは、自然のごく小さな一部分が、別のごく小さな一部分に及ぼす働き(つまり人間が、人間の手の届く範囲にある無生物の物質に及ぼす働き)を尺度にして、全体を生みだした起源について判断していると指摘できます。クレアンテスは、あまりに不釣り合いな対象同士を、同じ単一の基準によって判断しているのです。しかし、この点から導かれる反論は、すべて脇に置いておきましょう。わたしが主張するのは、宇宙には、世界という建物にもっとはるかに似ている別のパーツが(人間のつくった機械のほかにも)存在しているという点です。それゆえ、そのパーツは、この世界の体系のすべての起源に関して、もっと優れた憶測を提供します。そのパーツとは、動物と植物です。世界は、明らかに、時計や編み機に似るよりも、動物や植物に似ています。従って、世界の原因は、動物や植物を生みだす原因に似ている、というほうが蓋然性が高いのです。動物や植物を生みだす原因は、生殖や生長ですから、それゆえ、世界を生みだした原因は、生殖や生長に類似ないし類比するなにかであると推測できます。」

デメア「しかし、生長や生殖に類似するなにかから世界が生まれうる——どのように 4
したらそう思い描くことができるのでしょうか。」

フィロが答えた。「とても簡単なことです。木は、周囲の野原に種を播き散らして、 5
別の木をつくります。これと同じように、巨大植物たる世界（すなわちこの太陽系）は、自らの内部になんらかの種をつくり、その種が周辺の混沌のなかに播き散らされて、新しい世界へと生長します。たとえば、彗星というのは、世界の種なのです。彗星は、太陽から太陽へ、星から星へと移動することを通じて十分に成熟したのちに、最後には、この宇宙の周りのどこにでもある、かたちをなしていない構成要素のなかに投げ込まれて、すぐに芽を出して新しい体系となるのです。

あるいは、趣向を変えるために（あくまでそのためだけです）、この世界は、動物であ 6
ると仮定してみましょうか。その場合に、彗星は、この動物の卵なのです。駝鳥は、砂に卵を産みますよね。砂はそれ以上は世話もしないままに卵を孵化して、新しい動物を生みだします。これと同じやり方で……。」

デメア「分かりました。しかし、なんと乱暴で、恣意的な想定でしょうか。こんなに 7
異常な結論を支えるデータはあるのでしょうか。世界が、想像上において、ほんのごくわずか植物や動物に似ているからといって、それだけで、両者について同じ推測をしてもよいのでしょうか。全体としては大きく違う対象同士は、互いが互いの基準であるべきなのでしょうか。」

フィロが叫ぶ。「まさしくそうなのです。それこそ、わたしがずっと強調してきたトピックなのです。わたしたちにはデータはないので、宇宙発生論についてなんらかの体系をうちたてることはできない、とわたしはずっと主張してきました。わたしたちの経験はそれ自体がとても不完全であり、その空間的・時間的広がりは限られていますので、事物の全体については、いかなる蓋然的な憶測も示すことはできないのです。しかし、仮に、わたしたちがなんらかの仮説を前提にしなければならないとしましょう。その際には、どんな尺度に従って選択をすべきでしょうか。比較する対象同士が大きく似ているというほかに、なにか尺度があるでしょうか。すると、生長や生殖から生まれる植物や動物は、理性と計画から生まれる人工の機械よりも、世界にずっと類似しているのではないでしょうか。」 8

デメア「しかし、あなたがお話になっている生長や生殖とは、なんですか。その働きを説明することや、その前提になっている精巧な内的構造を詳しく分析(アナトマイズ)することができるのですか。」 9

フィロが答えた。「少なくとも、クレアンテスが理性について、その働きを説明した 10
り、その前提になっている内的構造を詳しく分析（アナトマイズ）したりできる程度には、可能ですよ。しかし、そんな綿密な議論がなくても、わたしは、動物を見れば、生殖から生まれたのだなと推測します。この推測は、家は〔理性の〕計画から建てられた、とあなたが結論するのと同じくらいの確実性をそなえています。生殖にしても、理性にしても、これらの言葉は、自然に存在するある種の力やエネルギーを示しているだけなのです。そうした力やエネルギーが生みだす結果は知られていますが、しかし、そうした力やエネルギーの本質は把握不可能です。そして、生殖や理性というこうした原理のうちの、一方が他方よりも、自然全体の基準とみなされる特権があるわけではないのです。

デメア、事物についてたくさんのことを知れば知るほどに、そうした知見ゆえに、こ 11
こで論じているような尋常ならざる壮大なテーマについてわたしたちが下す結論は、ましになっていく――実際には、こう期待するのが理に適っているでしょう。わたしたちがいる、世界のこの小さな一角だけに限っても、理性、本能、生殖、生長という四つの原理が存在しています。相互に類似するこれらの四つの原理は、類似する結果を生みだす原因です。わたしたちが、宇宙というこの巨大な建物の各部分を調査するために、ある惑星から別の惑星へ、ある世界の体系から別の体系へと旅することができるならば、宇宙の大いなる広がりと多様性のなかに、一体どれほどの数の、これ以外の原理をおのずと想定することになるでしょうか。さきに挙げたこれら四つの原理は(さらには、わたしたちが憶測することのできる幾多のそのほかの原理は、)そのどれもが、世界の起源について判定する手がかりとなる理論を提供してくれます。ですから、わたしたち自身の精神を働かせている〔理性という〕原理だけに視野を限定してしまうならば、あからさまな、とんでもない偏向なのです。仮に、この〔理性という〕原理は、そうした〔わたしたちの精神を働かせているという〕事情ゆえに、ほかの原理よりも理解しやすいということであれば、こうした偏向にも少しは弁明の余地があるのかもしれません。しかし、理性の内部のつくりや構造は、実際には、本能や生長と同じように、わたしたちにはほとんど分かりません。一般の人びとが、なんでもかんでも万事を帰着させてしまう自然という言葉は、曖昧で、意味がはっきりしませんが、この自然という言葉でさえ、おそらくは、根本においては〔理性よりも〕説明が難しいわけではありません。これらの原理が生みだす結果について、わたしたちは経験から知っていますが、しかし、原理そのものや、それがどのように働くかについては、わたしたちにはまったく分かりません。ですから、ほかの世界が播いた種から生長して世界が生まれた、という主張は、神には(クレアンテスが理解する意味での)理性や考案があって、そこから世界が生まれたという主張より、理解できないわけでも経験に合致していないわけでもないのです。」

12 **デメア**「しかし、わたしの考えでは、もしも、世界に植物のように生長する性質がそなわっていて、無限に広がる混沌のなかに、新しい世界の種を播くことができるのであれば、そうした力も、やはり、世界の創造者の計画を追加的に示す論証になるでしょう。というのも、これほど驚異的な能力は、計画に由来するのでなければ、一体どこから生じうるのでしょうか。自らが与える秩序のことを認識もしない、なにものかから、どのようにしたら秩序が生まれうるのでしょうか。」

13 **フィロ**が答えた。「この問題について納得なさるためには、ご自分の周りを見渡してみればよいだけです。木は、自らが生みだす木に対して秩序と組織を与えますが、その秩序について知っているわけではありません。動物はその子孫に、鳥はその巣に、同じように〔知らないままに〕秩序と組織を与えています。そして世界には、こうした種類の実例のほうが、理性と考案から生まれる秩序の実例よりもはるかに多く存在しています。動物や植物にそなわるこうした秩序のすべては、究極的にさかのぼれば計画にもとづいているという主張は、未決の問題を議論の根拠にしてしまっています。これほど大きな点を確証するためには、まず、秩序はその本性ゆえに思考と不可分であること、次に、秩序はそれ自体の原理ないしは未知の根源的原理ゆえに、物質には帰属しえないこと

――この二点を、どちらもア・プリオリに証明するしかないでしょう。 14

しかし、デメア、さらに言えば、あなたが力説するこの反論は、クレアンテスが使うことはできないのです。クレアンテスが使うためには、彼は、わたしの反論の一つを退けるためにすでに自らが論じた弁護論を撤回しなければなりません。クレアンテスは、すべてを至高の理性と知性に帰着させていますが、わたしは〔第四章で〕、その至高の理性と知性の原因について質問しましたよね。わたしの質問に対してクレアンテスは、そうした〔原因の原因をめぐる〕問いに満足した解答を与えられないからといって、そうしたことは、どんな種類の哲学においても反対論として認めることはできないと答えました。彼はこんな具合に主張するのです。「わたしたちは、どこかで探究を止める必要がある。究極的な原因を説明したり、それぞれの物体が最終的になにとつながっているかを示したりすることは、人間の能力の管轄外である。わたしたちが進む範囲内において、一歩一歩の歩みが経験と観察に支えられるならば、それで十分である」。さて、理性と同じように、生長や生殖が、自然において秩序を生みだす原理であることが経験される――この点を否定することはできません。もしわたしが、理性よりも生長や生殖に依拠して宇宙発生論の体系を論じるとしても、これは、わたしが自由に選択できることなのです。事態は、まったく任意に委ねられているように思われます。そして、クレアンテスがわたしに向かって、あなたが説く偉大なる生長や生殖の能力を生みだした原因はなにか、と尋ねるのなら、わたしは同じように、あなたの説く偉大なる理性の原理を生みだした原因はなにか、と彼に尋ねる資格があります。わたしたちは、こうした質問をお互いに控えるように合意しました。それに、現時点で、〔原因の原因については互いに問わないという〕この合意をまもって得するのは、主として彼の側なのです。わたしたちの限られた不完全な経験から〔原因の原因について〕判断すれば、生殖のほうが、理性よりも優位なのです。わたしたちは日々、生殖が〔人を生んで〕理性を生みだすのを見ていますが、理性が生殖を生みだすのは、けっして見たことがないからです。

この二つの立場の、それぞれの帰結を比較していただけますか。わたしの意見に従うならばこうなります。世界は動物に似ている。それゆえ、世界は動物であり、それゆえ、世界は生殖から生まれた。たしかに、推論の歩幅が大きいことは認めますが、しかし、それぞれの推論の歩みには、わずかではあるものの類比らしきものがそなわっています。クレアンテスの意見に従うならばこうなります。世界は機械に似ている。それゆえ、世界は機械であり、それゆえ、世界は計画から生まれた。推論の歩幅はここでも同じように大きいですし、しかも、類比はさらにはっきりしないのです。ここで、もしクレアンテスが、わたしの仮説に立脚してさらに一歩進めて、わたしが主張する偉大なる生殖の原理から出発して、〔その生殖の原理を生みだした原因として〕計画や理性〔の存在〕を推測するとします。わたしは、同じようにして、彼の仮説を一歩進めてもよいはずです。そしてわたしは、彼が主張する理性の原理から出発して、〔その理性の原理を生みだした原因として〕神の生殖や、神々の系譜〔の存在〕を推測できます。この推測には、よりまともな権威が伴っています。わたしの側には少なくとも、ぼんやりとはしていますが経験の痕跡があり、それは、現在のテーマについて手に入れられる最大のものです。理性は、無数の事例において生殖の原理から生まれていることが観察されていますが、そのほかのなんらかの原理から生まれていることはまったく観察されていません。

16 ヘシオドス〔『神統記』、『ヘシオドス全作品』〕や、古代の神話の語り手たちのすべては、この類比を採用して、だれもが、動物の誕生・交尾から自然の起源を説明しました。プラトンも理解可能な範囲では、『ティマイオス』〔『プラトン全集　一二』種山恭子訳、岩波書店、一九七五年、三一―三四頁〕でそうした考えを採用したように思われます。

17 バラモンの司祭たちの主張では、世界は、一匹の無限なる蜘蛛から生まれました。この蜘蛛は、その腹から、この複雑な全体のかたまりを紡ぎ出しましたが、そののち、その全体か一部を再び飲みこんで自らの本質のうちに溶かして、これを滅ぼす、というのです。[1] ここには一種の宇宙発生論があるのですが、わたしたちにとっては滑稽に思われます。というのも、蜘蛛は小さな卑しい生き物で、わたしたちがこの動物の働きを、宇宙全体のモデルとみなすことはありそうもないからです。しかしそれでも、ここには、新しい種類の類比があります。それは、〔人間の住む〕わたしたちの地球においてもそうでしょう。さらに仮に、住んでいるのはすべて蜘蛛であるという惑星が存在するならば（大いにありうることです）、その惑星では〔バラモンの〕この推測はごく自然で、争う余地なく見えるでしょう。それは、この地球で、万物の起源を計画と知性に帰する、クレアンテスが説明したような推測が、ごく自然で、争う余地なく見えるのと同じです。なぜ、秩序ある一つの体系が、頭脳と同じように腹から紡ぎ出されることがありえないか――この点について、クレアンテスが説得的な理由を示すのは難しいはずです。」

クレアンテスが答えた。「フィロ、どうやら、疑問や反論を提示するというあなたが成し遂げた仕事に、あらゆる生ける人のなかでだれよりも相応しいのは、あなたであるようです。この仕事は、あなたにとってはある意味で自然で、避けられないもののようですね。あなたの創造の才能は、非常に豊饒です。ですから、あなたが休む間もなくわたしに畳みかけてくるこういった奇怪な難癖に対して、すぐに、きちんと答えられないと認めたとしても、わたしは恥ずかしくありません。ただし、全般的にあなたの難癖は詭弁で、間違っている――わたしは明確にそう理解しています。さらに、あなたご自身がいまは〔わたしと〕同じ立場にあり、反論を提示するほど簡単には、答えはもちあわせてはいないという点にも疑いありません。併せて、あなたは、こうもお気づきのはずです。良識と理性は、全面的にあなたに反対しており、あなたがお話になった風変わりな意見は、わたしたちを当惑させるにしても納得させることは不可能なのです。」

第八章

フィロが答えた。「あなたが、わたしの創造の才能が豊饒であることに理由を求めた 1
ものは、全部が、このテーマの性質のせいなのです。人間の理性では狭い範囲しか扱えないのですが、そうした人間の理性に適したテーマでは、蓋然的な答え、確信をもたらす答えは、一般には一つしかありません。それ以外のすべての想定は、健全な判断力をそなえる人には、ことごとく不合理で空想的に見えます。ところが、いま話しているような〔人間の理性では扱いがたい〕問いでは、相対立する数多くの見方が、不完全ながらも類比らしきものをそなえることが可能です。ここは、創造の才能が、全力で活躍する場なのです。それほど苦労して考察しなくても、すぐにでもわたしは、少しは真実らしく見える、宇宙発生論の別のいくつかの体系を提案できるはずです。もっとも、あなたの体系や、わたしの提案する体系のいずれかが真の体系である確率は、千分の一、百万分の一でしかありません。

たとえば、わたしが、〔無限個の原子が、無限の運動のなかで偶然に世界の秩序を生みだした 2

とする〕古いエピクロス派の仮説を復元してみたらどうでしょうか。[1] その仮説は、一般には、これまで提唱されたなかでもっとも不合理な体系と評されており、[2] わたしもその評価は正しいと思いますが、いくつかの点を変えて、少しはもっともらしく見えるようにはできないものでしょうか。エピクロスのように物質は無限個とは想定せずに、有限個としてみましょう。有限個の粒子にできるのは、有限回の移動だけですが、永遠の時間のなかでは、可能性のある秩序や位置のすべてが、無限回にわたって試されることになるはずです。そうであるならば、この世界は、一切の出来事（どんな些末な出来事も含みます）とともに、これまでつくられたり壊されたりしてきたわけですし、これからもあらためてつくられたり壊されたりするでしょうが、そこには、限度も限界もまったくないのです。無限の力を、有限の力と対比して思い描くことのできる人であれば、だれも、この答えを疑ったりしないでしょう。」

デメア「しかし、ここでは、意志をそなえた主体（つまりは最初に動かす存在）を一切欠いたままに、物質は運動できるようになると想定してしまっています。」 3

フィロが返答した。「その想定の、どのあたりに難点があるのでしょうか。すべての出来事は、経験するまでは、どれも同じように難解で理解不可能ですが、経験したあと 4
では、どれもが同じように簡単で理解可能です。運動は、〔経験される〕多くの事例において、つまり重力にもとづく運動、弾性にもとづく運動、電気にもとづく運動では、物質において始まります。ここに、意志をそなえた既知の主体は、一切存在していません。また、こうした事例において、つねに意志をそなえた未知の主体が存在すると想定するのは、単なる仮説にすぎませんし、この仮説を採用するとなんらかの利点があるわけでもありません。物質そのものにおいて運動が開始されることは、精神や知性から運動が伝達されることと同じように、ア・プリオリに〔論理的に矛盾なく〕思い描くことができます。

さらにこうも言えます。運動は、永遠の歩みのすべてを通じて、どうして、衝撃によって伝播されていかないのでしょうか。どうして、同じ総量（あるいはそれに近い量）の 5
運動が、宇宙に引き続いて保存されないのでしょうか。運動の合成によって失われたのと同じ量が、運動の分解によって得られます。そして、原因がなんであれ、物質はつねに動いており、ずっとそうであったという事実は、人間の経験や言い伝えで分かる範囲では確実です。いま現在の宇宙全体に、絶対的な停止状態にある物質は、おそらく一粒子たりとも存在しないでしょう。

（フィロが続けた。）そして、わたしたちが論証のなかでたまたまどりついた、まさ 6
しくこの考察そのものも、宇宙発生論の新しい仮説を示唆しています。その仮説は、完全に不合理なわけでも、まったくありえないわけでもありません。〔その仮説をご説明します。〕物質（マター）が、そうした永続的な運動を保ちながらも（これは物質の本質であるように思われます）、自らがつくるかたち（フォーム）においては一貫性を維持する——そうしたことを可能とする体系、秩序、事物の編成は、存在するでしょうか。そうした事物の編成は、たしかに存在します。というのも、現在の世界が、まさにこれにあてはまるからです。すると以下のようになるでしょう。物質の持続的な運動は、無限回には至らない移動のなかで、そういった事物の編成（つまりは秩序）をつくるはずです。この秩序は、〔かたちの一貫性を維持するという〕その本性ゆえ、一度できあがると、永遠ではないにせよ長い時代にわたって自らを保ちます。ところで、物質にこのように平衡や整序や調整が与えられて、その結果としてその物質が、永続的な運動を続けながらも、かたちにおいては一貫性を維持するようになると、この場合にはどこにおいても、状況は必然的に、技術や考案〔が生みだしたもの〕とまったく同じ外観をそなえるはずです。これが、わたしたちが現在、目にしているものなのです。〔こうした場合には、〕それぞれの個々のかたちを構成する各パーツのすべては、相互に関係しあうとともに、そのかたち全体とも関係をもつはずです。その全体は、宇宙のそのほかの部分や、自らが属する元素とも関係をもつはずです。さらに、自らが消耗したり衰えたりしたとき修繕にあたって用いる物質や、

（敵対的か友好的かを問わず）そのほかの一切のかたちとも関係をもつはずです。そうした構成要素のどれか一つに欠陥があると、そのかたちは、壊れてしまいます。すると、それを構成している物質は、あらためて解き放たれて、不規則的な運動と動きのなかに投げ出されますが、終いには結合して、なんらかの別の規則的なかたちを構成します。もし、物質を収容するそうしたかたちが準備されず、そうした崩壊した物質が宇宙に大量にあるのだとすれば、宇宙そのものは完全に無秩序です。そのように壊されてしまったのは、始まりの状態にあった世界のかよわき胎児かもしれませんし、老齢と病弱のなかで衰弱しつつある世界の、腐り果てた亡き骸かもしれません。どちらの場合も、混沌が続きます。しかし、有限ではありますが数え切れないほどの変転を経て、終いには、いくつかのかたちができあがります。その各パーツや各器官は調整されて、物質が持続的に移り変わっていくなかでもかたちを維持します。

表現を変えてみましょう。物質が、なんらかの力（周囲が見えておらず、案内を欠いた力）によって、なんらかの状態へと投げこまれると想定してみてください。この初期状態が、高い蓋然性においてこのうえなく混乱しており、考えうる限りでもっとも無秩序であるのは、明白です。それは、人間の考案が生みだす作品とは、まるで似ていないはずです（人間の考案が生みだす作品には、各パーツの対称性、手段と目的の調和、自己保存の傾向が見られます)。もし、物質を動かしている力が、この〔最初の〕働きののちに停止すれば、物質は、永遠に無秩序の状態にとどまって、一切の均衡や活動を欠いたまま、大いなる混沌を続けるはずです。しかし、物質を動かしているこの力が(それがどんなものかはともかく)物質にそのまま働き続けて、この初期状態がすぐに第二の状態に移行すると想定してみてください。この第二の状態も、同じように、高い蓋然性において、第一の状態のように無秩序でしょう。そして、多くの変化と変転が続いていくなかでも、無秩序のままでしょう。いずれの秩序も状態も、一瞬たりともまったく安定しないのです。最初の力が依然として活動を保っており、物質を永続的に動かしています。可能性のあるすべての状況が生みだされては、すぐに壊されていきます。わずかに秩序の予兆や気配が現れたとしても、休みなく作動して物質のあらゆるパーツを動かしているあの力によって、すぐに駆逐されて、かき乱されてしまいます。

このようにして、宇宙は、多くの時代にわたって、混沌と無秩序がずっと連続する状態のままに歩んでいきます。しかし、終いには宇宙が安定して、運動や作動力は失わないものの(これは宇宙には本質的に含まれると想定しています)、その各部分がずっと運動して変動するなかにあっても、外観の斉一性を保つ——これは、ありえないことでしょうか。わたしたちは、これこそが現在の宇宙の状態であることを知ります。それぞれの個体は、永続的に変化していますし、各個体を構成する各パーツも永続的に変化していますが、しかし、全体は外観において同じであり続けています。案内を欠いた物質が永久的に変転するなかから、そうした状態が生まれるとは期待できないでしょうか。あるいは、そのように確信できないでしょうか。そしてこれによって、宇宙に存在する知恵らしきもの、考案らしきもののすべてを説明できないでしょうか。このテーマを少しじっくりと考えてみましょう。すると、そうした調和を物質が手にするとすれば、この調和こそが、問題となっている難点に（真の解答ではないかもしれませんが）もっともらしい解答を与えることが分かります。それは、各パーツが実際に永久的に変転・運動するなかでも、かたちにおいては外見上の安定をそなえる、という物質の調和です。

以上をふまえると、動物や植物の各パーツがうまくできていること、それら各パーツが相互に不思議にも調和していることに立脚した〔自然宗教の〕主張は、〔物質の運動のなかでできあがったとの説明も可能なので〕意味がありません。そもそも、〔起源がどうであれ〕各パーツがそのように調整されていなかったならば動物はどうやったら生きられるのか、教えていただきたいものです。そうした調和を失ったらいつでも動物はすぐに死んでしまい、崩壊した物質はなんらかの新しいかたちを試みる、という点が分からないのでしょうか。実際には、世界の各パーツは非常にうまく調整されているために、そうした崩壊した物質があれば、なんらかの規則をそなえたかたちが、すぐにそれを自分のものにしようとします。もし、そうでなかったとしたら、世界は存続できるものでしょうか。世界が解体したならば、動物の場合と同じように、新しいさまざまな状態や状況を経たうえで、そして終いには、有限ではあれど大いなる移り変わりのなか、現在の秩序か、似たようななんらかの秩序に行きつくはずではないでしょうか。」

クレアンテスが答えた。「この仮説は、論証のなかで突然に思いついたとお話いただいて、よかったです。もし、あなたに検討する時間があったならば、この仮説に向けられる克服しがたい反論をすぐにご理解なさったはずですよ。お話によれば、どんなかたちも、存続のために必要とする力や器官を失ったら存続できないとのことでした。その場合には、なんらかの新しい秩序や編成が試されて、それが中断なく続き、終いには、自らを支えて保つことのできるなんらかの秩序に行きつくはずであるとのことでした。しかし、この仮説にもとづくとすると、人間やすべての動物が手にしている〔存続に不可欠ではないが〕役に立つものや便利なものの多くは、一体どこから生じることになるのでしょうか。二つの目や二つの耳は、種の存続に絶対に必要というわけではありません。馬、犬、牛、羊、無数な果実や産物は、わたしたちの満足と享楽に役立っていますが、これらを欠いても、人類は繁殖して維持されてきたでしょう。もし、アフリカやアラビアの砂漠における人間の役に立つために、ラクダが創造されていなかったら、世界は解体していたのでしょうか。もし、天然の磁石によって、方位磁針が不思議にも役立つ方角を示すようにつくられていなかったら、人間の社会や人類は即座に絶滅していたのでしょうか。自然の格率には一般的には無駄がありませんが、しかし、こうした種類の〔絶対的に必要ではないが便利なものの〕実例はまれではありません。そしてこのどれもが、〔神の〕計画が存在することの十分な証拠なのです。それは、宇宙の秩序と整序を生みだした、慈しみあふれる計画の存在を証明しています。」

フィロ　「〔わたしの〕先の仮説は、相当に未完成・不完全である——少なくともあなたは安心してこう推測することはできますね。わたしも、その点はためらいなく認めます。しかしそもそも、こういった性質のどんな試みにあっても、これ以上の成功を、理に適ったかたちで期待できるものでしょうか。あるいは、例外の一切ない宇宙発生論の体系をうちたてられるなどと期待できるものでしょうか。自然の類比[3]〔自然のうちに観察できる類比〕をめぐるわたしたちの限られた不完全な経験と少しも矛盾しないような、宇宙発生論の体系をうちたてられるなどと期待できるものでしょうか。あなたの理論そのものも、間違いなく、そうした強みのどれかがあるなどと主張することはできません。日常的な経験と齟齬することがないようにするために、神人同形論を採用したとしても同じことです。いま一度、あなたの理論を吟味してみましょう。〔第一に、〕わたしたちがこれまで見てきた事例のすべてにおいて、観念は、実在する物体からコピーされたものです。学術用語で表現するならば、観念は、原型的ではなくて模写的です。ところが、あなたはこの秩序を転倒して、思考〔観念〕を先行させています。〔第二に、〕わたしたちがこれまで見てきた事例のすべてにおいて、思考は、物質に一切の影響を及ぼしていません。例外は、物質が思考と一体となり、それぞれが等しく及ぼしあう相互的な影響を思考に及ぼしている場合です。いかなる動物も、自らの身体の四肢のほかには、直接的にはなにも動かすことができませんし、さらに言えば、実際のところ、〔物質と思考の影響は相互的であって〕作用と反作用は等しいというのが普遍的な自然法則であるように思われます。ところが、あなたの理論は、この経験と矛盾しています。〔さて、〕よろしいですか、以上のようなさまざまな事例は、集めようとすれば簡単に集められるそのほかの多くの事例（とくに、永遠なる精神ないし永遠なる思考体系という想定、言い換えれば、生まれることも死ぬこともない生物という想定）とともに、わたしたち全員に向けて、相互に批判しあう際には冷静に落ち着くべきである、と教えてくれているのです。こうした種類の体系については、どんなものでも、少し類比があるからといって受け入れてはならないのと同じように、小さな不一致があるからといって却下してはならない――ぜひ

ともそう理解しましょう。小さな不一致は、だれもが免れることのできないと間違いなく言える不都合だからです。 12

宗教の体系のすべてには、克服しがたい大きな難点があることが認められています。どの立場の論者も、自分の体系を語るときには勝ち誇り、他方では攻撃的な戦いをしかけて、敵の不合理さ、野蛮さ、有害な信条を暴露します。しかし全体としてみれば、こうした論者の全員は、懐疑主義者が完全勝利するための露払いなのです。懐疑主義者は彼らに向けて、このような〔宗教の〕テーマについては、どの体系もけっして採用してはならないと語ります。どんなテーマを扱う場合でも不合理にはけっして同意してはならない、という平明な理由ゆえです。ここにおいてわたしたちに残された、理に適ったただ一つの方策は、判断の完全な停止です[4]。そして、一般に観察されるように、神学者たちのあいだではいつでも攻撃した側が勝ち、防御する側には勝ち目はないのであるならば、〔懐疑主義者である〕彼が手にするはずの勝利は、どれほど完璧な勝利でしょうか。彼は、全人類とともに[5]、つねに攻撃する側にあり、自らにはつねに防御しなければならない決まった場所も、住まう都市もないのですから。」

第九章

1 デメア「ところで、ア・ポステリオリな論証に多くの難点が避けられないのなら、むしろ、かの純粋にして崇高なる、ア・プリオリな論証に頼るのがいいのではないでしょうか(1)。それなら、不可謬の論理的証明(デモンストレーション)を与えてくれるので、即座に一切の疑問や難点が除かれます。この論証によって、神の属性の「無限性」も証明できます。神の無限性は、申し訳ないのですが、そのほかのトピックからは確実性をもって確証することは不可能です。というのも、有限である結果(あるいは、わたしたちが知る限りで有限であるように思われる結果)から、一体どのようにしたら、無限である原因を証明できるのでしょうか。神の本性の単一性についても、〔ア・ポステリオリに〕自然の作品の検討だけから導きだすのは、絶対的に不可能というわけでないにせよ、非常に困難です。さらに、〔神の〕計画に斉一性があることが認められたとしても、それだけから、単一性という神の属性について確証を得ることはできません。これに対してア・プリオリな論証では……。」

2 **クレアンテス**が言葉をさえぎった。「デメア、あなたは、抽象的論証のそうした強みや役に立つ点が、あたかも、その論証が堅固であることを完全に証明するかのように推論しておられるようですね。しかしわたしの考えでは、最初にしたほうがよいのは、そうした種類の論証のうちで、あなたがどんな推論を選んで主張するかを決めることです。わたしたちはそのあとで、その論証の有益な帰結でなく論証そのものにもとづいて、その論証をどう評価すべきかを決めましょう。」

3 **デメア**が答えた。「わたしが主張したい論証は、よくあるありふれたものです。存在するものはすべて、その存在の原因や理由をもつはずであり、どんなものも、自らを生みだしたり、自らの存在の原因であったりすることは絶対的に不可能です[2]。それゆえ、結果から原因へと次々にさかのぼっていくと、わたしたちは、究極的原因に行きつくことなく無限の連なりをずっとたどっていくか、あるいは、最後に、〔ほかの原因に依拠しないという意味で〕必然的に存在するなんらかの究極的原因に行きつくか、のいずれかのはずです。さてここで、前者の想定が不合理であることは、次のように証明できるでしょう。原因と結果が無限に続く連鎖や連なりにおいて、それぞれの個々の結果の存在を決定するのは、直接に先行する原因がそなえる力や効力です。ところが、永遠に続く連鎖や連なりの全体をまとめてみた場合には、この全体を決定したりその原因となったりするものは存在していません。しかし、この全体が、時間のなかに存在することとなった個々のすべての物体と同じように、原因や理由を必要とすることは明白です。なぜこの原因の連なりが、永遠〔の昔〕から存在することになったか、なぜほかの原因の連なりではなかったか、なぜ原因の連なりがなしではなかったかという問いは、依然として理に適った問いです。もし、必然的に存在する存在者がいない場合には、思いつくことのできるどんな想定も、同じように可能性があるのです。すなわち、その場合には、永遠〔の昔〕からなにも存在してこなかったという想定は、〔現在の〕この宇宙を構成している原因の連なりが不合理でないのと同じように、不合理ではないのです。では、無ではなくなにかが存在すると決定したのは、なんだったのでしょうか。ほかの可能性ではなく、ある一つの個別の可能性に存在を与えたのは、なんだったのでしょうか。〔第一に、〕外部の原因はないと想定しています。〔第二に、〕偶然は意味のない言葉です。〔第三に、〕原因は無だったのでしょうか。しかし、無は、けっしてなにも生みだしえません。以上をふまえると、わたしたちは、必然的に存在する存在者に行きつかざるをえないのです。その存在者は、〔必然的に存在するので別の原因に依拠しておらず、〕自らのうちに自らの存在の「理由」をそなえており、これが存在しないという想定は、明白な論理矛盾を犯さない限り不可能です。以上の帰結として、そのような存在者が存在するということになります。すなわち、神が存在するのです。[3]」

4 **クレアンテス**「反論の口火を切ることが、フィロの生きがいであることは分かっていますが、この形而上学的推論の弱点を指摘することはフィロにはお任せしません。わたしには、この推論は、明白に根拠薄弱であるように思われますし、同時に、真の敬虔や宗教の大義にとってあまりに重要性が乏しいようにも思われますので、自分でその誤りをお示ししようと思います。

5 まず、事実に関わることを論理的に証明（デモンストレーション）しようという主張、つまり、事実に関わることをなんらかのア・プリオリな論証によって証明しようという主張は、明白に不合理であると指摘することから始めます。〔あることについて〕その反対の状態であるならば〔論理的に〕矛盾が生じる、というのでない限り、なにかを論理的に証明することはできません。明確に思い描くことができるものには、なにも矛盾は含まれていません。わたしたちが、存在するものとして思い描くことのできるすべてについて、わたしたちは、存在しないものとして思い描くことだってできます。従って、存在しないとすると矛盾が生まれるような存在者などありません。以上をふまえると、存在することを論理的に証明できるような存在者はありません[4]。わたしはこの論証を、完全に決定的な論証としてお示ししています。これにもとづいてすべての議論をお話ししたいと思います。

6 神は、必然的に存在する存在者である、というのが〔デメアの〕主張でした。そして、神の存在のこうした必然性をどのようにして説明しようとしているかと言えば、もし、わたしたちが神の本質や本性のすべてを知ったとするならば、２×２≠４がありえないのと同じように、神が存在しないことはありえないことが分かる、という断定にもとづいています。しかし、わたしたちの能力が現在と同じうちは、そんなことがおこりえないことは明白です。わたしたちが、存在しているとかつては思い描いたものについて、存在しないと思い描くことは、いつだって依然として可能でしょう。さらに、わたしたちは、２×２＝４であるとつねに思い描く必然性のもとに置かれていますが、しかしながら、これと同じように、〔存在の有無に関して〕ある対象はつねに存在し続けると想定すべき必然性のもとに精神が置かれることはありえません。それゆえ、必然的に存在するという言葉には、意味がありません。あるいは同じことですが、そこには一貫するものはありません。

7 しかし、さらに別の点をお話しします。このように主張された必然性の説明に従うとすると、なぜ、物質的世界が、必然的に存在する存在者であってはいけないのでしょうか。わたしたちには、物質のあらゆる性質が分かっているなどとは言えないでしょう。しかし、わたしたちに分かる限りで言えば、物質にはなんらかの性質が含まれていて、(もしそれについて知られたのならば)その性質ゆえに、その物質が存在しないのは2×2＝5のような大きな矛盾のようになってしまう、という可能性があります。物質的世界は、必然的に存在する存在者でないという点を証明しようとしている論証は、わたしにはたった一つしか見つけられません。それは、世界にある物質(マター)とかたち(フォーム)は、いずれも偶然的なものであるという点にもとづいた論証です。「物質のどの粒子も、その消滅を思い描くことができる。どんなかたちも、その変化を思い描くことができる。それゆえ、そうした消滅や変化は、不可能ではない」というのです。*しかし、これと同じ論証は(わたしたちが神についてなんらかのかたちで思い描く限りにおいて)神にも同じようにあてはまりますので、この点を考慮しないのは大きな偏向であるように思われます。また、精神は、神は存在しない、神の属性は変化する、と少なくとも想像することができる点を考慮しないのも大きな偏向であるように思われます。神が存在しないことはありえないようである、神の属性は変化しえないようである――こうした点を可能にしているのは、なんらかの未知の、わたしたちが認識しえない〔神の〕性質であるはずです。〔ところが〕この場合に、そのような性質がなぜ物質にはないのか、という理由を示すことは不可能です。そうした性質は、まったく知られておらず認識しえないものですから、物質とは両立できないと証明することは不可能なのです。

＊原注　クラーク博士〔『神の存在と属性の論理的証明（デモンストレーション）』一七〇五年〕。(5)

さらに付け加えますと、物体の永遠の連なりをたどっていくことで、なんらかの単一 8
の一般的原因（つまり第一の創造者）を探究するのは、不合理であるように思われます。永遠〔の昔〕から存在しているものが、どのようにしたら原因をもちうるのでしょうか。というのも、〔原因という〕この関係は、時間における先行や、存在の開始を意味するからです。

そのような連鎖（すなわち物体の連なり）のなかにおいても、それぞれの部分は、それ 9
に先行するものが原因となって引きおこされて、そしてそれに続くものを引きおこします。この場合に、一体どこに難点があるのでしょうか。あなたのご指摘は、しかしこの「全体」には原因が欠けているというものでした。こうお答えします。こうしたそれぞれの部分を、一つの全体に統一して束ねるのは、さまざまな別々の州を一つの王国に統一したり、さまざまな別々のメンバーを一つの集団に束ねたりするのと同じように、単に、精神の恣意的な働きによって〔認識する側で〕なされるだけにすぎず、事物の本性にはなんの影響も及ぼしません。(6) わたしが、二〇個の物質の粒子からなる一つのまとまりについて、その〔二〇個の〕それぞれについて個々の原因をあなたに示したとします。そのあとにあなたが、二〇個全体の原因はなにかとわたしに質問したら、わたしは、たいへんに不合理な質問であると考えるはずです。そうした点は、それぞれの部分の原因を説明するなかで、十分に説明されているのです。」

フィロ「クレアンテス、あなたが力説した推論のおかげで、わたしが、〔デメアの主張の〕さらなる難点を語り始める必要はなさそうです。しかしそれでも、もう一つ別のトピックについて語らせてください。算術の専門家によれば、9をかけ算した結果は、どんな場合でもつねに、その積の各桁の数字をすべて足すと9となるか、9に小さな整数をかけた積〔9の倍数〕となります。こんなわけで、9の積である18、27、36からは、それぞれ1＋8、2＋7、3＋6というようにして9ができます。同じように369も9の積であり、3＋6＋9からは、9に小さな整数をかけた積である18ができます。*物事を表面的に観察する人は、この不思議な規則性を、偶然の結果として感嘆するかもしれませんし、あるいは〔神の〕計画の結果として感嘆するのかもしれません。しかし、熟練の代数学者は即座に、それは必然性の産物であると結論して、これは、こうした数の本性からつねに帰結することを論理的に証明します。では、お尋ねしますが、この宇宙の編成の全体も、〔神の計画ではなく〕同じような必然性によって導かれている可能性はないのでしょうか（人間の代数学では、この難問を解く手がかりは示しえないにしても）。そして、自然に存在するものの秩序を感嘆するというのではなくて、わたしたちが、物体の隠れた本性を見抜けるようになって、物体がこれ以外の配列を認めることが絶対的にありえない理由を明確に理解する――その可能性はないでしょうか。現在語っている問いに、〔神の計画とは区別される〕必然性という観念をもちこむのは、あまりに危険なのです！　この必然性の観念は、宗教の仮説とは直接的に衝突してしまう推測を、あまりに自然に提供してしまうのです！

＊原注　『文芸共和国〔ニュース〕』一六八五年八月号。(7)

（フィロが続けた。）しかし、こうした抽象論の一切はやめにして、もっと身近なトピックに話題を限定して、考察を一つ付け加えます。ア・プリオリな論証は、あまり説得的ではないとみなされることがほとんどなのです。例外は、形而上学に通じており、抽象的推論に慣れ親しんできた人たちだけでした。知性はしばしば、曖昧さをくぐり抜けて、第一印象とは正反対の真理へ到達することが、彼らには数学を通じて分かっており、彼らはこれと同じ思考習慣を、それが相応しくない〔宗教という〕テーマにも適用してしまったのです。これ以外の人びとは――ここには、良識をそなえていて、だれより宗教を信じる人まで含まれます――こうした〔ア・プリオリな〕論証にはなんらかの欠陥がある、といつも感じとっています。ただし彼らは、どこに欠陥があるかをはっきりと説明できるわけではありませんけれども。以上は、人類がこれまで自分たちの宗教をこうした〔ア・プリオリな〕推論とは別の源泉から引きだしてきたこと、そしてこれからもそうであろうことを示すたしかな証拠なのです。(8)」

第一〇章

1 **デメア**が答えた。「各人は自らの胸中で、宗教の真理をいわば感じる、というのがわたしの意見であると申しあげます。人が、かの存在者――自らとすべての自然が依存する存在者〔である神〕――の庇護を求めるようになるのは、なんらかの推論からではなくて、自らの愚かさや悲惨さの自覚からなのです。人生の最善の局面ですら不安であるか、もしくは退屈ですから、それゆえ、わたしたちの希望と恐怖の一切が向かう対象は、やはり来世なのです。わたしたちは欠かすことなく、祈り・礼拝・供犠を通じて未知なる力を宥(なだ)めることを期待し、そう努めます。未知なる力は、わたしたちを苦しめたり害したりできることが、わたしたちには経験から分かっているからです。わたしたちは、なんと哀れな被造物でしょう！　もし、宗教が、償いの方法を示したり、わたしたちを絶えず動揺させて悩ます恐怖を和らげたりしないならば、人生の数知れぬ悪〔苦難〕のなかでわたしたちはなにを頼ったらよいのでしょうか[1]。」

2 **フィロ**「たしかに、すべての人に適切な宗教意識を抱かせるための最善にして、実際

のところ唯一の方法は、人間の悲惨さや邪悪さを正しく描くことであるというのは本当
にそうだと思います。そしてそのためには、雄弁と強いイメージを紡ぐ才能が、推論や
論証の才能よりも必要です。というのも、だれもが自分のなかに感じとっていることを
わざわざ証明する必要があるのでしょうか。ただ必要なのは、可能であればもっと近く
もっと感覚的に、わたしたちにそれを感じさせることなのです。」

デメアが答えた。「人びとは、実際には、〔人間の悲惨さや邪悪さという〕この重要にして 3
憂鬱な真理を十分に確信しているのです。人生の悲惨さ、人間の不幸、わたしたちの本
性の全般的な腐敗、不十分にしか享受できない快楽・富・名誉。こうした言い回しは、
どの言語でも、ほとんど格言のようになっています。すべての人が、自らの直接的な感
情や経験にもとづいて語っていることについて、一体だれが疑うことができるでしょう
か。」

フィロ「この点では、学識ある人たちも、一般の人びと（ヴァルガー）と完全に意見が一致していま 4
すね。聖か俗かを問わず、あらゆる文芸作品では、人間の悲惨さというトピックが語ら
れてきました。そのトピックは、悲しみと憂鬱こそが紡ぎうる、このうえなく感傷的な
雄弁によって語られてきました。詩人たちは、この種のイメージをたくさん語ってきま
した。感情にねざして語る詩人たちに、なんらかの体系があるわけではありませんが、

だからこそ、彼らの証言には大きな権威があります。ホメロスからヤング博士〔エドワード・ヤング（一六八三―一七六五）〕に至るまで、〔詩人という〕霊感を授かった集団の全員には、人びとの感情や観察にこれ以上に合致する事物の描写は、〔人間の悲惨さの〕ほかにはないことがずっと分かっていました。」

デメアが答えた。「権威ということであれば、探すには及びません。クレアンテスの 5
この書斎を見回してみてください。人間の生を扱わない化学や植物学などの個別分野の学問の著者を除けば、人間の悲惨さを感じとって、それに対する不満や懺悔をどこかの一節で吐きだしていないのは、これら無数の著述家のなかでごくまれと言っていいはずです。少なくとも、そうである可能性は圧倒的でしょう。わたしの記憶の限りでは、人間の悲惨さを否定するような変わり者の著述家は一人もいません。」

フィロ「失礼ながら、〔この世は可能な限りで最善であるとする最善説を唱えたゴットフリー 6
ト・〕ライプニッツがそれを否定していますよ。あれほど大胆で逆説的な見解を公言したのは、彼がおそらく最初でしょう。* 少なくともそうした見解を自らの哲学体系の本質としたのは、彼が最初でしょう。」

＊原注　この考えは、ライプニッツ〔『弁神論』一七一〇年〕以前にも、キング博士〔ウィリアム・キング『悪の起源について』一七〇二年〕や、そのほかの幾人かが主張してい

た。ただし、かのドイツ人哲学者ほどの有名人は、だれも主張していなかった[2]。

7 **デメア**が答えた。「最初だったので、彼は、自分の間違いが分からなかったのではないでしょうか。というのも、そもそもこのテーマは、哲学者たちが発見を企てることが可能なテーマなのでしょうか。とくに、そんなに最近になってから発見が可能なのでしょうか。そして、感覚と意識にもとづいた人類の一致した証言を、単なる否定だけで覆すことを望みうるものでしょうか（単なる否定と言ったのは、このテーマでは推論はほとんど無理だからです[3]）。

8 （デメアがつけ加えた。）さらに、なぜ人間は、自分たちはそのほかのすべての動物の運命を免れると主張できるのでしょうか。いいですか、フィロ、地球の全体が呪われて穢れているのです。すべての生ける被造物のあいだには、終わりなき戦いの火が燃えあがっています。必要、飢餓、欠乏が、強く勇気あるものを駆り立てます。恐怖、不安、怖れは、弱き病めるものを動かします。生を最初にあずかる際には、新生児にも、哀れなその親にも激しい苦痛が与えられます。生のそれぞれの段階には弱さ、無力、困窮がつきまといます。そして生は、最後は、苦しみと怖れのなかで終わります。」

9 **フィロ**「併せて、あらゆる生けるものの生をつらくするための、自然の不思議な技巧もご覧になってください。強きものは弱きものを捕食して、弱きものを永遠の恐怖と不安へと陥れます。弱きものも、自分たちは自分たちで、ときとして強きものを捕食して、強きものを休みなく困らせて不安にします。動物の身体のうえで育ったり、その周囲を飛びまわりながら針を刺したりする無数の種類の虫を考えてみてください。こうした虫にはこうした虫で、これを悩ませる、さらに小さなほかの虫がいるのです。このように、すべての動物はそれぞれ、前にも後ろにも上にも下にも、絶えずそれを困らせて破滅させようとする敵に囲まれています。」

10 **デメア**「人間だけが、部分的にはこの法則の例外であるように思われます。というのも、ライオンや虎や熊は、自然のままでは、力と速さで勝るために人間を捕食することができますが、人間は、社会において結合することで容易にこれらの動物を支配できるからです。」

11 **フィロ**が叫んだ。「そうではなくて反対に、まさにここにこそ、自然の、斉一的で平等な格率がなにより明らかなのです。たしかに、人間は結合することで、現実の敵のすべてに勝利して、動物全体の支配者となることができます。しかし人間は、すぐに自らに対して〔迷信という〕想像上の敵を呼びおこしてしまうのではないでしょうか。自らの空想がつくりあげたこの悪魔（デーモン）が、迷信的恐怖で人間に取り憑いて、人生のあらゆる楽しみを台無しにしてしまうのではないでしょうか。自らの快楽は悪魔から見たら罪となり、自らの食事や休息は悪魔を怒らせてその気分を害す――このように想像するのです。さらに人間の眠りそのものからも、夢からも、不安に思う恐怖の新たな材料が生まれます。そして、死は、そのほかのあらゆる悪からの避難なのですが、その死でさえも、終わりなき無数の苦しみの怖れだけをもたらすのです。迷信が、哀れな死すべき人間の不安な胸中を苦しめるのは、狼が臆病な羊を脅かす以上なのです。

12 デメア、さらに考えてみてください。この社会によって、わたしたちは自然の敵〔天敵〕であるこれらの野獣に打ち勝つわけですが、この社会そのものが、なにか新しい敵をわたしたちに呼びおこしてはいないでしょうか。なにか苦しみや悲惨さを引きおこしてはいないでしょうか。人間は、人間の最大の敵なのです。抑圧、不正義、軽蔑、侮辱、暴力、暴動、戦争、中傷、裏切り、詐欺――こうしたもので人間は互いを苦しめあっています。バラバラになると生じるはずの、これよりもさらに大きな悪を怖れることがなかったとすれば、彼らは、つくりあげた社会をすぐにでも解体することでしょう。」

13 **デメア**「しかしながら、たしかにそうした外からの危害（動物から、人間から、わたしたちを襲うあらゆるものから加えられる危害）は、苦しみの恐るべきカタログをつくりあげますが、わたしたちの内部に生じるものと比べれば、どうということはありません。精神や身体の不調がもたらす危害のことです。どれだけ多くの人が、長引く病気に苦しんでいるでしょうか。偉大な詩人による、悲哀を感じさせる一覧をぜひお聞きください。

> 腸結石、潰瘍、疝痛、魔物に憑かれて生じる精神錯乱、
> ふさぎ込む鬱病、月にうたれて生じる狂気、
> 次第に痩せ衰えてゆく萎縮病、消耗症、
> 蔓延して人口を潰滅させる疫病〔……〕。
> 病人たちの七転八倒するさまは凄絶をきわめ、
> その呻き声は陰惨そのものであった。
> 「絶望」が、忙しそうに、病床から病床へと駆けずりまわって病人を看ていた。
> 「死」が、病人たちの枕もとで意気揚々とその槍をふりまわしていた。
> 病人達はその一撃をなによりの贈物、最後の望みとしてしきりに哀願し、求めたが、
> 「死」は一向にそれに応じようとはしなかった。
>
> 〔ミルトン『失楽園　下』二四五―四六頁〕

（デメアが続けた。）精神の不調は、もっと隠れていて分かりにくいですが、おそらく

は悲惨さや苦しみが軽いわけではありません。悔恨、恥辱、苦悩、激怒、失意、不安、恐怖、落胆、絶望——苦しみを与えるこういったものが、過酷にも襲いかかってこないような人生を、一体だれが送ってきたでしょうか。こうした苦しみよりもまともな感覚を感じることはわずかだった人が、どれだけ多いでしょうか。労働と貧困は、だれもが嫌がりますが、大多数の人にとっては避けられない運命です。そして、安逸と富を享受するわずかな特権階層の人びとであっても、満足や真の幸福に到達することはありません。人生のすべての善を集めたとしても、真に幸福な人間にはなることはできないでしょう。ところが、すべての悪を集めたとすれば、実に惨めになることでしょう。そして、そうした悪のうちのどれか一つだけでもあれば(だれがすべての悪から逃れることができるでしょうか)、おおよそ、人生を台無しにするには十分です。いや、多くの場合には、善を一つ欠いただけでも(だれが善のすべてを手にすることができるでしょうか)、人生を台無しにするには十分なのです。

別世界のよそ者が突然にこの世界にやってきたならば、わたしは、この世界の悪の実 15
例として彼に、病気だらけの病院、犯罪者や負債者で溢れる牢獄、死体が散乱する戦場、大海で沈没している艦隊、暴政や飢餓や疫病に苦しむ国民を見せることでしょう。人生の愉快な側面を見せて、人生の喜びという考えを伝えるためには、彼をどこに案内すべ

きなのでしょうか。舞踏会でしょうか、オペラでしょうか、宮廷でしょうか。〔そこに案
内したとしても、〕わたしはさまざまな種類の苦しみや悲しみを見せてくれているだけだ
と、彼は正当にも考えることでしょう。」

16 **フィロ**「こうした衝撃的な事例について、はぐらかすことは不可能ですね。できるの
は弁明だけですが、そうしてみたところで、さらに非難が増してしまいます。〔弁明しよ
うとする以下のような対話を考えることができるでしょう。〕「なぜあらゆる時代に、あらゆる
人が、人生の悲惨さについて絶えず不満をこぼしてきたのでしょうか」とわたしが問い
ます。「正当な理由はなにもない。そうした不満は、単に人間の性質に由来するだけだ。
つまり、満足することなく、文句ばかり言って、不安を感じる人間の性質だけが原因
だ」とある人が言います。「そうであるとして、そうした哀れな気質よりも、もっとた
しかな悲惨さの根拠がそもそも存在しうるものでしょうか」とわたしは答えます。

17 「しかし、人びとが、本当に口で言うほどに不幸であるならば、なぜ人生にとどまっ
ているのか」と論争相手が言います。「わたしたちを縛る秘密の鎖は、

人生に満足せず、しかし死を怖がる

〔マシュー・プライアー『世の虚しさをめぐるソロモン』第三巻「権力」[4]〕

これなのです。わたしたちが自分たちの人生を続けているのは、〔死の恐怖によって〕脅されているからであって、〔生に〕甘い誘惑が与えられているからではありません」とわたしが言います。

「そんなのは、偽りの繊細さにすぎない。数少ない、洗練された精神の持ち主が弄ぶ 18
ような、偽りの繊細さだ。この繊細さによって、こうした〔人生の悲惨さについての〕不満が人類全体に広まってしまったのだ」と論争相手は主張するでしょう。「では、あなたが非難しているこの繊細さとは一体なんでしょうか。それは、人生のあらゆる快や苦を感じとる、とても敏感な感受性にほかならないのではないでしょうか。そして、もしも、繊細で洗練された気質の持ち主が、世間のほかの人たちよりもはるかに敏感であることによって、はるかに不幸であるだけとするならば、わたしたちは、人間の生について一般にどんな判断を下すべきなのでしょうか」とわたしは尋ねます。

「人びとを休ませなさい。そうすれば、彼らは安楽になる。彼らは、自分たちの悲惨 19
さを自分たちで意図的につくりだしているのだ」と論争相手は言います。「違います！休息ののちには、不安な憂鬱がやってきてしまいます。他方で、活動と野心ののちには失望、苦悩、心配がやってくるのです」とわたしは答えます。」

クレアンテスが答えた。「あなたがたがお話になったものに似たものをもつ人もいる。20
それは、分かります。しかし正直に言うと、わたし自身はそれを感じませんし、感じたとしてもごくわずかですから、そうしたものは、あなたがたが言うほどには一般的ではないのではないでしょうか。」

デメアが叫んだ。「あなたが、ご自身では人間の悲惨さを感じていないとすれば、そ 21
うした幸福なる珍しい状況をお祝いします。〔しかし、〕ほかの人たちは、どれほど見た目では成功しているようであっても、恥じることなく、自らの不満をこのうえなく憂鬱な調子で吐き出してきました。栄華を極めた偉大なる〔神聖ローマ帝国〕皇帝カール五世が、人間界の栄光に飽きて、広大な領土のすべてを息子〔フェリペ二世〕に譲ったときのことを見てみましょう。記念すべき退位にあたっての最後の演説で、彼は公にこう語りました。「自分がこれまで享受してきた最上の栄華は、多くの不幸と隣り合わせだった。それゆえ、少しも楽しんだり満足したりできなかった、と偽りなく言うことができる」(5)。しかし、隠遁を求めて引退した彼は、それまで以上の幸福を手にしたのでしょうか。彼の息子の記録を信じるならば、彼は、退位したその日にもう後悔し始めていたのでした。

キケロの人生の運命は、つつましい出発点から、最大の栄華と名誉へとのぼりつめる 22
ものでした。しかし、彼の近しい人への書簡や哲学的論考には、人生の悪をめぐって、悲哀を誘うどんな不満が書かれていることでしょうか。キケロは、栄華を極めた偉大なカトーを〔作品のなかに〕登場させたうえで、自分自身の経験に即して、老カトーにこう抗議させています。もし新しい人生を贈呈されたとしても、自分はこの贈り物は断わる、と〔キケロ『大カトー（老年について）』、『キケロー選集　九』中務哲郎訳、岩波書店、一九九九年、五七頁〕。

ご自身や、あるいは知り合いのどなたかに、ご自分の人生のうちの直近の一〇年か二〇年をもう一度生きてみたいかどうか、尋ねてみてください。いや、お断りします！　しかし、これからの二〇年は、それよりはもっとよくなるでしょう――彼らはこう言うのです。

> 生の澱滓から受けとることを望んでいるのです、[6]
> 始めのうち、元気快活に走っても、与えられなかったものをね。

〔ドライデン「オーラン・ジーブ」、『ジョン・ドライデン悲劇集　上』千葉孝夫訳、中央書院、一九九二年、三一八頁〕

このようにして彼らは、自分たちが人生の短さと、人生の空しさ・悲しさを同時に嘆いていることに最後には気づくのです（これが人間の悲惨さの偉大なところであって、矛盾さえ折り合わせてしまうわけですが）。」

24 **フィロ**「さて、クレアンテス、〔人間の悲惨さをめぐる〕こうした一切の省察ののちであっても、また、さらに示すことができる限りないほどたくさんの省察ののちであっても、あなたは、依然として神人同形論を堅持して、神の道徳的属性（その正義、慈しみ（ベネヴォランス）、恵み、正しさ）は、人間という被造物のもつそれらの徳と同じ性質であると主張できるものでしょうか。〔第一に、〕神の力が無限であるとわたしたちは認めています。つまり、神が意志することはなんでも、実行されます。ところが、人間も、ほかの動物も幸福ではないので、従って、神は、これらの生物の幸福を意志してはいないということになります。〔第二に、〕神の知恵は無限です。つまり神は、目的に適った手段を選択するにあたって、けっして間違うことはありません。ところが、自然の過程は、人間や動物の幸福をめざしてはいません。従って、〔神は〕自然をそのような目的のためにつくってはいない、ということになります。これらの推測以上に、人間の知識の及ぶすべての領域を通じて、確実で、誤りようのないものはありません。そうであるならば、神の慈しみや恵みは、一体どこが人間の慈しみや恵みに似ているのでしょうか。

25 エピクロスの提起した古い問いは、いまだに答えられていないのです。すなわち、神は悪を防ぐ意志はあるが、防ぐことができないのであろうか。そうだとすれば、神は無能力である。神は、悪を防ぐことはできるが、そう意志しないのであろうか。そうだとすれば、神は邪悪である。神は、悪を防ぐことはできるし、そう意志するのであろうか。そうだとすれば、一体どこから悪が生じるのか(7)。

26 クレアンテス、あなたは、自然には目的や意図があるとお考えです（正しいと思います）。しかし、お聞きしたいのですが、自然が、あらゆる生物のなかに示している不思議な技巧やしくみは、なにをめざしているのでしょうか。それは、個体の単なる保存と、種の繁殖でしょう。そのような集団が、宇宙のなかでなんとか維持されるのであれば、種を構成する個々の幸福のために配慮や関心がなくても、自然の目的のためには十分であるように思われます。種の個々のメンバーの幸福のための資源はありません。喜びや安楽を与えることだけをめざすしくみもなければ、純粋な喜びや満足のための蓄えもありません。楽しみがあったとしても、必ず、なんらかの不足や必要が一緒になっています。少なくとも、〔楽しみという〕こうした種類の数少ない現象は、はるかに重みのある反対の現象によって圧倒されています。

27 音楽を感じたり、調和を感じたり、実のところあらゆる種類の美を感じたりするわたしたちの感覚は、満足を与えてくれますが、しかし、種の保存や繁殖に絶対的に必要というわけではありません。ところが他方で、痛風、結石、めまい、歯の痛み、リューマチからは、どんな破滅的な苦痛が生じるでしょうか。それは、生物としてのしくみの損傷が小さいか、不治なまでに大きいかを問いません。大騒ぎ、笑い、遊び、お祭り騒ぎは、それだけで完結した、さらになにかをめざすわけではない満足であるように思われますが、他方、不機嫌、憂鬱、不満足、迷信は、同じ性質をもつ〔それだけで完結した〕苦痛です。では〔こうしたなかにおいて、〕あなたたち神人同形論者がおっしゃる意味における、神の慈しみは、一体どのように示されているのでしょうか。こうした〔生において満足と苦痛が〕奇妙に混ざりあった現象に、説明を与えることができるのは、あなたが嬉しそうにそう呼んだ、わたしたち神秘主義者だけなのです。神の属性は、無限に完全であるが、しかし理解不可能であるというところから、わたしたちはこれを説明できるのです。」

クレアンテスは笑みを浮かべながら語った。「ああ、フィロ、ついにあなたは、ご自身の意図を漏らしてしまいましたか。あなたが、デメアとずっと連帯していたのには、実は少し驚きましたが、しかし、その間ずっと、わたしに向けて密かに攻撃を準備していたのが分かりました。そして、あなたはいま、こうして、反対と論争を重んじるご自身の高貴なる精神に相応しいテーマに到達したと言うべきなのでしょう。もし、あなたが現在の論点をうまく捌いて、人類は不幸である、あるいは堕落していると証明できるなら、すべての宗教は一巻の終わりです。というのも、〔正義や慈しみのような〕神の道徳的属性が疑わしいままで、はっきりしないにもかかわらず、〔知性や計画のような〕神の自然的属性をうちたてることに、一体どんな意味があるのでしょうか。」

29 **デメア**が答えた。「あなたは、宗教家や信心深い人たち自身でさえなにより広く受け入れている、なにより罪がない見解にも、簡単にお怒りになってしまうのですね。しかし、人間の邪悪さや悲惨さについてのこうしたトピックが、無神論や冒瀆が非難されるのと同じように非難されている光景ほど、驚かされることはありません。よろしいですか、すべての敬虔な聖職者や説教師たちが、この実り多いテーマについて熱弁をふるってこなかったでしょうか。彼らが、ここにある難問のすべてに対して、簡単に解答を提示してこなかったでしょうか。この現世は、宇宙と比較すれば、ただの点にすぎません。現世での生は、永遠と比較すれば、ほんの一瞬にすぎません。それゆえ、現在の悪しき現象は、ほかの空間において、そして将来に存在するある時点において正されるのです。そしてそのときには、人類の目は、事物を広く見渡せるようになります。さまざまな一般法則の全体のつながりを理解します。そして、複雑で入り組んだ神の摂理を通じて、神の慈しみと正しさを発見して、これを礼拝するのです。」

30 **クレアンテス**が答えた。「いや！　まるで違います！　そういった恣意的な想定は、争う余地のない明白な事実に反していますので、けっして認めることはできません。どんな原因についても、それが生みだした既知の結果以外の、どこから知りうるのでしょうか。どんな仮説についても、明らかな現象以外の、どこから証明しうるのでしょうか[8]。ある仮説を別の仮説のうえにうちたてるのは、まったくのところ、空中に楼閣をつくるようなものです。そんな憶測や空想からせいぜい得られるのは、わたしたちの見解に単に可能性があることをたしかめることだけです。しかし、そんなやり方では、その見解が真実であることは、けっしてうちたてることはできません。

31 神の慈しみこそ、わたしが積極的に主張したい点です。神の慈しみを証拠だてるための唯一の方法は、人間の悲惨さと邪悪さを絶対的に否定することです。あなたたちの説明は、誇張されています。あなたたちの憂鬱な見方は、ほとんどが作り話です。あなたたちの推測は、事実と経験に反しています。健康は、病気よりも一般的です。快楽は苦痛よりも一般的ですし、幸福は悲惨よりも一般的です。わたしたちが遭遇する一つの苦悩に対して、計算してみるならば、わたしたちは百の楽しみを手にしています。」

32 **フィロ**が答えた。「非常に疑わしいのですが、あなたの意見を受け入れてみましょう。しかしあなたは同時に、苦痛は快楽よりも頻繁ではないにしても、苦痛のほうが、はてしなく激しくて長続きする、という点も認めなければならないはずです。苦痛に襲われる一時間は、たいていは、日常の味気ない楽しみを享受する一日よりも、一週よりも、一月よりも重みがあるのです。そして、どれほどの日、週、月を、多くの人が、このうえない激しい苦痛のなかで過ごしていることでしょうか。快楽が、恍惚や絶頂にまで達することはほとんどありませんし、その最高潮がわずかにせよ持続する、ということに至っては皆無です。〔快楽を享受すると〕精神は発散して、神経は弛緩して、〔身体の〕つくりは調子を乱してしまい、楽しみは、すぐに疲れと不安に変わってしまいます。ところが、苦痛は、頻繁に（困ったことには非常に頻繁に！）激痛や苦悶になるのです。苦痛は、長引けば長引くほど、それだけいっそう、もっと純粋な激痛や苦悶になります。我慢は底をついて、勇気は失われて、憂鬱がわたしたちに襲いかかります。わたしたちが悲惨さを脱するのは、ただ、その原因が除去されるか、あるいは、あらゆる悪を除去できる唯一の方法である〔死という〕もう一つの出来事の場合しかありません。ただし、この最後のものについては、わたしたちは生来の愚かさゆえに、はるかに大きな怖れやショックをもって捉えています。

33 （フィロが続けた。）しかし、これらのトピックは、あまりに明白で確実で重要なのですが、やめにして、あなたに忠告をしておきたいのです。クレアンテス、あなたは、この論争をたいへん危険な点に立脚させてしまっています。そして気づかないうちに、自然神学と啓示神学のもっとも本質的な宗教信条に、全面的な懐疑主義をもちこんでしまっているのです。なんということでしょうか！　人間の生は幸福であると認める。さらに、わたしたちがいま甘受しているあらゆる苦痛、病、悩み、愚かさをたずさえて、この世であっても生き続けることは、ふさわしく望ましいと主張する――こうでもしない限り、宗教の正しい基礎をしっかりと定める方法はないというのですか！　しかし、これは、すべての人の感じ方や経験に反しています。どうやっても覆しようのないほどに確立している権威に反しているのです。この権威を覆す決定的な証拠をつくりだすなんてことは、とても不可能です。あなたが、すべての人間とすべての動物の生における、すべての快と苦を計算して評価して比較することも、とても実現不可能です。そして、このようにして宗教の体系の全体を、本性そのものからして永遠に不確実なままの点に立脚させてしまったことで、あなたは暗黙のうちに、宗教の体系も同じように不確実であると認めてしまっているのです。

しかし、あなたに譲歩して、けっして信じられないこと（少なくともあなたがけっして証明できないこと）を認めてみることにしましょう。つまり、現世の生における生物の幸福、あるいは少なくとも人間の幸福は、悲惨さを上回っている、という点を認めてみることにしましょう。しかしそれでも、あなたは、まだなにもしていないのです。というのも、わたしたちが無限の力、無限の知恵、無限の善性から期待するのは、いかなる意味でもこの程度のことではないからです。なぜ、この世に、そもそも少しでも悲惨さが存在するのですか。間違いなく、偶然によってではないはずです。従って、なんらかの原因が存在しています。神の意志によるのでしょうか。しかし、神は、完全なまでに慈しみあふれる存在です。すると、悲惨さは、神の意志に反するのでしょうか。ところが、神は全能なのです[9]――簡潔にして、明確で、決定的なこの推論の堅固さを揺るがすことのできるものは、なにもありません。ただし、一つだけ例外があります。こうしたテーマは人間の能力の一切を超えており、わたしたちが普通に用いている真偽の基準をこれらのテーマに適用することはできない、という〔懐疑主義の〕主張がその例外です。これは、わたしがずっと主張してきたトピックなのですが、あなたは最初から、蔑みと怒りを示して却下してきました。

しかし、わたしは、この防御の拠点からも喜んで撤退します。というのも、あなたが、わたしをそこへ閉じこめておけるとすら思えないからです。わたしは、人間の苦痛や悲惨さは、神の無限なる力・善性と両立しうる、と認めることにしましょう。あなたがおっしゃっている意味で、そうした神の属性を理解するとしても、そう認めることにしま

35

しょう。しかし、こういったすべての譲歩によって、あなたは、一体どれだけ前進したのでしょうか。〔人間の悲惨さと神の属性が〕単に両立可能というだけでは十分ではないのですよ。あなたは、純粋で、混ざりもののない、統制されることのないこうした〔神の〕属性を、いま現在の、混合して混乱した現象から、しかもこの現象だけから、〔ア・ポステリオリに〕証明しなければならないのです。なんと見込みのあるお仕事でしょうか！もし仮に、現象が、純粋で混ざりものがないとしても、しかしそれでも現象は有限なのですから、〔無限という属性を証明しようという〕この目的には十分ではないでしょう。現象がそればかりか、調和を欠いて滅茶苦茶である場合には、さらにどれほど不十分でしょうか！

クレアンテス、ここまで来て、わたしは、自分の論証に安心することができます。これで、わたしの勝ちなのです。〔一方において、〕さきほどわたしたちが、知性や計画といった〔神の〕自然的属性について議論したときには、わたしは、あなたの追撃をかわすために、懐疑主義的・形而上学的な小難しい議論を総動員してもちだす必要がありました。宇宙についての多くの見解、その各部分についての多くの見解〔とくに後者についての見解〕においては、目的因〔最終目的〕が美しいこと、それが〔手段と〕適合していることが、抗いがたい威力でわたしたちを圧倒します。そのために、あらゆる反論は、単なる難癖や詭弁に見えてしまいます（実際にそうだと信じます）。そうなると、そうした難癖や詭弁にどのようにしてなんらかの意義を認めることができたのか、想像すらできなくなります。〔他方において、〕しかし、〔神の自然的属性ではなく道徳的属性を議論する場合にもちだすこととなる〕人間の生についての見解、人間の条件についての見解は、どうでしょうか。それらの見解のなかで、乱暴の限りを尽くさずとも、わたしたちがそこから〔神の〕道徳的属性を推測することのできる見解、あるいは〔神の〕無限の慈しみ（無限なる力や知恵と一体となった無限の慈しみ）をうかがい知ることのできる見解は、なに一つとして存在しません。そういった〔道徳的〕属性については、わたしたちは、信仰の目だけによって発見しなければならないのです。さて、今度は、あなたが苦労してオールを漕ぐ順番です。明白な理性と経験の命じるところに逆らって、ご自身の哲学的な小難しい議論を擁護してみてください。」

第一一章

クレアンテス「無限という言葉は、神学を論じてきたどんな著作家が書いたものを読[1]んでも頻繁に繰り返されていますが、これは、哲学のためというよりは、むしろ賛辞として使われているのではないか。そう考えがちであったことを、わたしは、ためらいなく認めます。〔神に捧げる言葉として、無限ではなく〕もっと正確でもっと穏健な表現に、わたしたちが満足するならば、推論においても、あるいは宗教においてすらも、あらゆる目的はもっとうまく適えられるはずであろう。この点についてもわたしは、ためらいなく認めます。〔そうした表現である〕感嘆すべき、卓越した、最高に偉大な、賢明な、神聖な、という言葉は、人間の想像力を十分に満たしてくれます。これを越えるものは、不合理に行きついてしまうばかりか、情感や感情に対して影響を及ぼすこともありません。以上をふまえるとすれば、いま論じているテーマにおいて、〔一方で、神を論じる際に〕人間との類比（アナロジー）を一切放棄してしまうならば（デメア、これがどうやらあなたの意図のようですね）、わたしたちは一切の宗教を放棄することになって、礼拝する偉大な対象について一切の概念をもたなくなってしまうのではないかと怖れます。〔他方で、〕もし、人間との類比を維持するのであれば、宇宙に悪が混ざっていることと、〔神の〕無限なるさまざまな属性に、折り合いをつけることは不可能であると永続的に認めなければならないはずです。ましてや、宇宙に悪が混ざっていることから、神の無限なる属性を証明することは、不可能です。しかし、自然の創造者は、人間をはるかに超越するが、その完全さは有限である――そう想定してみるなら、どうでしょうか。そうすれば、自然的悪〔非人為的な悪〕、道徳的悪〔人為的・意図的な悪〕について納得できる説明を与えることができますし、どんな不都合な現象であっても、説明して調和させることができます。この場合には、大きな悪を避けるために小さな悪が選ばれることがあるでしょうし、望ましい目的に到達するために、不都合が甘受されることもあるでしょう。つまり、〔神の〕慈しみは、知恵によって統制されるとともに〔ただし〕必要によって制限されて、これが、まさしく現在のような世界を生みだしうることでしょう。フィロ、せっかちに意見や省察や類比を語り始めるあなたが、この新しい理論についてどういうご意見か、じっくりと中断なしにお聞かせください。もし、あなたの見解がわたしたちの関心に値するものならば、わたしたちはそのあとでもっと時間をかけて、それをかたちにしましょう。」

フィロが答えた。「わたしの考えは、神秘的に扱われるべきほどのものではありませ 2

んので、ざっくばらんに、いまのテーマについて思ったことをお伝えしましょう。たいへんに知性が乏しい人がいて、宇宙についてはまったく知らない。このように想定してみましょう。非常に優れていて、賢明で、力をそなえてはいるが、しかし有限である〔神という〕存在者が、宇宙をつくった。この彼がそのように信じているとしましょう。この場合にこの彼が、憶測にもとづいて、〔宇宙を経験によって知る前に〕あらかじめつくりあげる宇宙の観念は、わたしたちが経験から知っている宇宙の観念とは違ったものになるであろうと認められるはずです。さらに、この彼は、原因〔である神〕について知らされているそうした属性だけから、その結果〔である宇宙〕が、この世のように、悪徳や悲惨さや無秩序に満ちている可能性があるなどとはけっして想像できないはずです。さて、この人が、この世界に連れてこられて、依然として、世界は、崇高で慈しみあふれる存在者が仕上げた作品であると信じたままでいる。そう想定してみてください。彼は、おそらくは失望して吃驚（びっくり）するでしょうが、しかし、もし、それまでの信念がなんらかの堅固な論証に支えられているならば、その信念をけっして捨てないでしょう。というのも、こうした知性の限られた人は、自分は周りが見えておらず無知であることが分かっているはずだからです。そして、こうした〔悪を含む〕現象をめぐっては、〔自分には永遠に理解できないであろうが〕多くの解答があるのだろうと認めるはずだからです。しかし〔これとは違って〕、人間の実態に即するかたちで想定してみましょう。すなわち、この人が、至高の知性と慈しみと力について、あらかじめ確信してはおらず、〔神をめぐる〕そうした信念については、事物の外観から〔経験的に〕つくりあげるように委ねられていると想定してみましょう。すると状況は、完全に変わってしまいます。彼は、〔神について〕そうした結論を導きだす理由を見つけだせないでしょう。彼には、自分の知性が狭い範囲にとどまることがよく分かっていますが、しかし、だからといって、そのことは、至高の力が善性をそなえると推測する助けにはならないでしょう。というのも、彼は、自分が知らないことではなく知っていることから、そうした推測を行うはずだからです。あなたが、この人の弱さや無知を誇張すればするほど、彼はますます自信を失ってしまい、自分の能力ではこうしたテーマは手に負えないという彼の疑いはますます大きくなってしまいます。従って、あなたは、この人物と一緒になって、既知の現象だけから推論する必要がありますし、恣意的な想定や憶測は一切退けなければなりません。

あなたに、ある家や宮殿をお見せすると仮定してみます。そこには、使い勝手のよい部屋、心地よい部屋は一つもありません。窓、ドア、暖炉、通路、階段、そして建物全体の編成からは、騒音、乱雑、疲れ、暗闇、極端な寒暑が生みだされています。この場合、あなたは間違いなく、それ以上調べたりせずに考案〔設計〕を非難するでしょう。建築家が自分の小難しい話を語ってみたり、このドアやあの窓を換えると余計に悪くなるなどと証明したりしても、無駄でしょう。彼の言うことは厳密には正しいのかもしれませんし、建物のほかの部分を残したまま一部分だけを換えれば、不都合を増やすだけなのかもしれません。しかしそれでも、あなたは一般論としてこう論じるでしょう。建築家に技術と善意があったのならば、すべての不都合、ないしほとんどの不都合を取り除くかたちで、全体を計画して各部分を調整したはずである、と。そのような計画がその建築家には分からなくとも、あるいはあなたたち自身にさえ分からなくとも、だからといって、あなたは、そうした計画が不可能であるとは思わないはずです。もし、建物に多くの不都合や不格好を見つけたら、いつだって、細かいことに立ち入ったりせずに建築家を批判するはずなのです。

4 手短に、問いをもう一度繰り返しましょう。世界を、その全体について、そしてこの世においてわたしたちに見えるかたちで検討してみます。その場合、世界は、絶大な力をそなえていて賢明で慈しみあふれる神から生まれると、人間（つまり〔能力に〕限りのある存在者）があらかじめ期待するはずのものとは異なっているか――これが問いです。〔異なっていないという〕反対の主張は、奇怪な偏見に違いありません。そして、ここからわたしは、〔悪を含む〕世界からは、〔その原因としての〕神の存在についての〔因果的〕推測は、提供されないと結論します。〔因果の問題と、整合性の問題は、区別して考える必要があります。〕(1)たとえ、〔神は無限ではないなどといった〕ある想定や憶測を受け入れたとして、世界が、そのような神の観念とどれほど整合しようとも、世界からはそうした〔神の存在についての因果的〕推論は提供されないのです。〔神と世界の〕整合性が、絶対的に否定されるわけではありません。否定されるのは、そうした〔神の存在についての因果的な〕推測だけです。憶測によって（とくに〔あなたの先の仮定のように〕神の属性から無限性を排除する場合であれば）、整合性についてはおそらくは十分に証明できます。しかし、そのような憶測は、〔神の存在についての因果的な〕どんな推測の基礎にもなりえません。

感覚をもつ生物を悩ませる悪は、そのすべて（あるいはそのほとんど）が、四つの事情にもとづいているように思われます。そして、これら四つのすべての事情は、必然的でもなければ、不可避でもない可能性があるのです。わたしたちには、日常生活を越えたことはほとんど分かりませんし、日常生活についてさえほとんど分かりません。従って、宇宙の編成に関しては、どれほど乱暴な憶測であっても正しいのかもしれませんし、どれほどもっともらしい憶測であっても、間違っているのかもしれません。こうした深い無知と曖昧さのなかで、人間の知性にできる最大のことは、懐疑的であること、あるいは少なくとも注意深くあることです。そして、〔単なる〕仮説についてはどんなものであっても、まして蓋然性らしきものがあるようにはまったく見えない仮説は、認めてはいけません。さて、まさしくこのことが、悪の原因のすべてや、悪を成り立たせている事情に関してあてはまると思われます。そうしたそれぞれの原因や事情は、人間の理性には、必然的であったり不可避的であったりするようには少しも思われません。空想力を最大限に奔放にしない限りは、それらが必然的・不可避的であるとは考えられないのです。

悪をもたらしている第一の事情は、動物という被造物のしくみ〔考案〕やつくり〔編成〕です。すなわち、すべての動物は、そのしくみにもとづいて、苦痛と快楽〔を感じること〕によって行動へと駆りたてられて、自己保存という重大な作業を注意深く行うようになっています。ところで〔この点を検討してみるならば〕人間の知性に分かる限りでは、さまざまな程度があるならば、〔苦痛はなしに〕快楽だけで、この〔自己保存の〕目的のためには十分であるように思われます。すべての動物は、〔快楽を〕享受する状態にずっととどまることはできるでしょう。しかし、渇き、飢え、疲れのような、なんらかの自然の必要に迫られると、〔苦痛を感じるのではなくて〕快楽の減少を感じて、それを通じて生存に必要なものを求めるように促される、というのは可能でしょう。人間は、苦痛を避けるのと同じくらい熱心に快楽を追求しますし、少なくともそういうようにつくられているでしょう。こうしてみると〔快楽だけあれば〕苦痛がなくても、生の営みを続けることは明らかに可能であるように思われます。では、なぜ、すべての動物が苦痛を感じるようになっているのでしょうか。〔それは必然的・不可避的でしょうか。〕もし、動物が苦痛から一時間のあいだ免れることができるのであれば、苦痛から永久に免れてもよいでしょう。しかも、視覚や聴覚やなんらかの感覚を動物に与えているのと同じように、苦痛を感じさせるために、特別な器官のしくみを〔わざわざ〕必要としたのです。理由らしきものも欠いているのに、そのようなしくみは必要だったとわたしたちは憶測すべきなのでしょうか。そして、このうえなく確実な真理を前提にするのと同じように、わたしたちは、そうした憶測も前提にすべきなのでしょうか。

しかし、苦痛を感じる能力は、もし第二の事情がなかったとすれば、それだけでは苦痛を生みだしはしなかったでしょう。〔神は〕一般法則によって世界を動かしている、というのが第二の事情です。〔ところが〕この事情は、このうえなく完全な存在者〔である神〕にとって必要であるとは思われません。〔すなわち、必然的・不可避的であるとは思われません。〕たしかに、すべてのものが〔一般法則でなく神の〕特殊的・個別的な意志によって動かされているとするならば、自然の過程は永続的に破壊されてしまいますし、〔予測可能性がないので〕だれも生きていくために、自分の理性を使うことができないはずです。しかし、別の特殊な意志が、この不都合を解決できないでしょうか。すなわち、〔完全な存在者である〕神は、悪が見つかれば、いつでもあらゆる悪を根絶できないのでしょうか。神は、準備も、因果の長い推移もなしに、あらゆる善を生みだせないのでしょうか。

さらに、現在の世界の編成のもとでは、自然の過程は、〔一般法則に従って〕厳密に規則的であると想定されてはいますが、しかし、わたしたちにはそのようには見えず、多くの出来事は確実性を欠いていて、多くのことがわたしたちの期待を裏切っているという点も考慮しなければならないでしょう。健康と病気、凪と嵐は、無数にあるそのほかのアクシデントと同じように(それらの原因は分かりませんし変動するわけですが)、個々人の命運にも、公共社会の繁栄にも、絶大な影響を及ぼしています。実際のところは、人生のすべてが、ある意味においてこうしたアクシデントに依存しているのです。そうであるならば、宇宙の秘かな源泉を知る存在者〔神〕であれば、特殊な意志〔による介入〕によって、簡単にこうしたアクシデントのすべてが人類の善となるようにして、全世界を幸福にすることができるでしょう。神は、どの働きにあっても姿を見せることもなしに、そうしたことができるでしょう。〔そうした場合には、〕社会にとって有益な船隊は、つねに順風に恵まれるでしょう。善良な君主は、健康で長生きするでしょう。権力と権威を担うべく生まれた人は、善良な気質と有徳な性向を与えられるでしょう。これらのようなほんのわずかな数の出来事が、〔神によって〕規則的に賢明に動かされるならば、世界の表情は変わることでしょう。そしてそうであっても、これらが、自然の過程を乱したり、人間の行動を混乱させたりはしないように思われます。この点は、現在の事物の編成の場合とまったく同じです（ここでは、原因は秘密で、変動したり複合的であったりします）。〔暴君であったローマ皇帝〕カリグラの頭脳に、幼少のとき、ほんの少しばかり〔神が〕小さく触れたならば、彼は、トラヤヌスのような名君に回心していたかもしれません。ある波が、少しばかりほかの波より高かったならば、〔ローマ共和政を脅かした〕カエサルとその命運を海の底に沈めて、人類の広い範囲に自由を回復させたかもしれません。こんな具合には摂理が介入しないことには、おそらくは、相応の理由があるのかもしれません。しかし、わたしたちには、その理由は不明です。そして、そうした介入しない理由が存在していると単に想定するだけで、神の属性についての結論をまもるには十分なのかもしれません。しかし、そのように想定するだけでは、そうした結論をうちたてるにはけっして十分ではありえないことは、間違いありません。

　宇宙に存在するすべてが一般法則によって動かされており、しかも、動物が苦痛を感じるようにつくられているとするならば、物質がさまざまに衝突して、いくつもの一般法則がさまざまに競合したり対立したりするなかでは、なんらかの悪が生じるのはほと

9

んど避けがたいように思われます。しかし、これからお話する第三の事情がなかったとすれば、こうした悪は、非常にまれだったはずです。力と能力のすべてが、それぞれの存在者にはたいへんに節約して配分されている、というのが第三の事情です。〔たしかに、〕すべての動物の器官や能力は、とてもうまく調整されており、それぞれの自己保存にうまく適合してつくられています。それゆえ、歴史や言い伝えから分かる限りでは、宇宙でこれまでに絶滅した種は一つもなかったように思われます。[2] あらゆる動物には、必要な資質がそなわっています。ところが、これらの資質はとても慎重に節約して授けられているので、ある程度が損なわれると、その動物は死んでしまいます。能力が一つ増えると、その場合にはかならず、それに応じてそのほかの能力が減少します。俊敏な動物は、ふつうは力を欠きます。俊敏で、しかも力がある動物は、感覚のどれかが不完全であるか、このうえなく切実な不足に苦しんでいます。人類の主たる卓越は、理性と知恵ですが、ほかのすべての動物と比べて、必要とするものがもっとも多く、しかも身体の強みにおいてはもっとも劣っています。衣服も、武器も、食糧も、住まいも、生活に便利なものも欠いていて、ただ、自分たち自身の技術と勤勉によるものがあるだけです。要するに、自然は、その被造物のそれぞれの必要を、厳密に計算したようなのです。そして、厳格な主人のように、それぞれの必要を満たすのにちょうど足りる以上には、ほとんど力も資質も与えなかったのです。甘い親であるならば、アクシデントにそなえて、不幸がこのうえなく重なっても子の幸福と福利をまもるために、大量の蓄えを与えたはずです。そうであるならば、人生がいつも崖だらけで、誤ってあるいは必要に迫られて本道からわずかに逸れただけで悲惨さと破滅に巻きこまれる、ということもなかったでしょう。いくらかの蓄え、いくらかの手持ちが、幸福のために与えられていたことでしょう。〔与えられる〕力と必要が、それほどまで厳しい編成によって調整されることもなかったでしょう。自然の創造者は、わたしたちが理解しえないほどに力をそなえており、その力は、完全に無尽蔵ではないにせよ絶大とされています。それゆえ、わたしたちが判断できる限りでは、彼が、自らの被造物を遇するにあたって、こんなにも厳しい節約を遵守しなければならない理由はありません。〔つまりこの事情も、必然的・不可避的ではないように思われます。〕もしも、彼の力が極端に限定されているのなら、創造する動物をもっと少なくして、それらの動物に、それぞれの幸福と自己保存のためにもっと多くの能力を与えたほうが望ましかったでしょう。自分の手持ちの蓄えで完成させられる範囲を超えて計画を始めてしまう建築家は、けっして賢明とはみなされません。

　人生における悪の大部分を解決するために、わたしは、人間がワシの翼、雄鹿の俊敏さ、雄牛の力、ライオンの腕力、ワニやサイの皮をもつべきと要求しているのではありません。まして、天使やケルビム〔知恵を司る天使〕の賢さなどは、要求してはいません。人間の精神に、ただ一つだけ力か能力が増えれば、それで満足なのです。人間が、勤勉と労働にもっと向かうようにしてください。精神にもっと力強い源泉と活動を与えてください。仕事や努力にもっと一貫して取り組むようにしてください。多くの人がようやく習慣と省察によって到達できるのと同じだけの勤勉さを、人類全体が生まれながらにもつようにしてください。そうすれば、そうした能力が授けられた直接的・必然的な結果として、悪の混ざっていない、このうえなく有益な帰結の数々が生まれます。自然的悪〔非人為的な悪〕と同じように、人生におけるほとんどすべての道徳的悪〔人為的・意図的な悪〕は、怠惰から生じます。もし、人類が、もともとのそのつくりからして、この悪徳・欠点を免れるならば、直ちに、土地は完全に耕作されて、技芸と手工業は改善されて、役割と義務のすべては正確に執行されることになります。そして、もっともよくできた政府であっても不完全にしか到達できていない社会の状態に、人間は、すぐに、完全に到達できることでしょう。ところが、勤勉は力であって、しかももっとも価値のある力なので、自然は、いつものやり方どおりに、人間にはとても節約してこれを授けることにしたようです。そして自然は、人間が勤勉を得たことを褒めるのでなく、むしろ人間が勤勉を欠くことを厳しく罰することにしたようです。自然は、人間に労働を強いることができるのは〔勤勉でなくて〕、このうえなく過酷な必要だけであるという具合に人間のしくみを考案しました。そして自然は、人間のそのほかすべての不足を活用して、勤勉の不足を(少なくとも部分的には)克服しようとしています。自然は、本来であれば人間から奪ったほうがよいと考えていた能力についても、同じやり方で、いくらかを人間に授けようとしています。ここにおいて、〔勤勉のみを求める〕わたしたちの要求は非常に控えめであり、それゆえ理に適っていると認められるでしょう。優れた洞察力や判断力、美についてのいま以上に繊細な趣味、慈しみや友情に対するいま以上に優れた感受性——もし、わたしたちがこうしたものを授けるように求めたならば、わたしたちは、不敬虔にも自然の秩序を破壊しようとしている、高い地位をめざしている、求めているものは自分たちの地位と身分には相応しくなく、ただ自分たちにとって有害なだけである、などと言われることでしょう。しかし、つらいのです。わたしたちの置かれた世界は、不足や必要ばかりです。この世界のほとんどすべての存在者や要素は、わたしたちの敵であるか、協力することを拒んでいます。こうしたなか、わたしたちは、自分たち自身の気質とも戦わねばなりません。そして、こういった幾重にも及ぶ悪に唯一対処できる〔勤勉という〕能力を欠いたままでいなければならないのです。これは、繰り返しますが、つらいのです。

11 宇宙にある悲惨さや悪を生みだす第四の事情は、自然の偉大なるしくみの源泉と原理のすべてについて、仕上げの出来映えが不正確であることです。たしかに、なんの目的にも役立っていないような宇宙の部分が、ほとんどないことは認められます。取り除いても、目に見える問題や故障を全体に生じさせないような宇宙の部分は、ほとんどありません。各部分はすべてつながっており、どれか一つを弄れば、大なり小なりほかに影響します。しかし、こうした各部分や各原理は、いかに有用であるにせよ、どれ一つとして、それぞれの有用性が発揮される範囲内に正しくとどまるように正確には調整されていないという点も同時に認められるはずです。むしろ、各部分や各原理のすべては、つねに一方ないし他方の極端に傾きがちです。〔自然という〕この大いなる作品は、作者の最後の仕上げを受けなかったのではないかと考えられるほど、各部分は未完成で、各部分を実行する動きも雑なのです。こうしたわけで、風は、地球の表面に沿って蒸気を運ぶためにも、航海する人を助けるためにも必要なのですが、しかし、どれほど頻繁に嵐やハリケーンになって害をもたらすでしょうか。雨は、地上のあらゆる動植物を養うのに必要ですが、しかし、どれほど頻繁に不足するでしょうか。どれほど頻繁に降りすぎるでしょうか。熱はすべての動植物に必要ですが、しかし、いつも適切な割合というわけではありません。動物の健康と繁栄には、体液・分泌液が混ざりあったり分泌されたりすることが必要ですが、しかし、各部分が、規則的に本来の機能を果たすことはありません。心のあらゆる情念、つまり野心、虚栄心、愛、怒りほど、有用なものがありましょうか。しかしこれらがどれほど頻繁に限界を超えて、社会に最大級の混乱をもたらすでしょうか。宇宙に存在する、利点をそなえたものはすべて、過剰か不足によって頻繁に害と化します。それでも自然が、必要とされる正確さでもって、すべての無秩序や混乱からまもってくれるわけでもありません。こうした不規則さは、おそらくは、いずれかの種を滅ぼすほどにはひどくはありませんが、しかし多くの場合、個体を破滅や悲惨さに陥れるには十分なのです。

このように、これら四つの事情が合わさって、自然的悪のすべて、あるいはそのほとんどが生じます。すべての生物が苦痛を感じないのならば、あるいは、〔神の〕特殊な意志が世界を動かすのならば、悪は、宇宙に入りこむ経路を見つけられなかったことでしょう。動物に、厳密に必要とされるよりも多く、力や能力の蓄えが授けられているならば、あるいは、宇宙のさまざまな源泉や原理が正確につくられていて、つねに適切な状態と中庸を維持するならば、わたしたちが現在感じるよりも、はるかに少ない悪しか存在しなかったはずです。では、ここにおいて、わたしたちは、どのように結論すべきでしょうか。これらの事情は必然的ではなく、宇宙を考案するにあたって簡単に変更できたはずである、としましょうか。〔しかし〕この結論は、周りが見えておらず無知な被造物には、あまりに僭越であるように思われます。結論においてもっと控え目でありましょう。もし神の善性を、なんらかの許容できるア・プリオリな推論にもとづいてうちたてることができるのであれば(ここでいう善とは人間の善に似たものを意味します)、その場合には、〔宇宙に悪が混入しているという〕こうした現象は、どんなに不都合であっても、そうした〔神の善性という〕原理を覆すのには十分ではなくて、なんらかの未知のやり方で容易にその原理と両立可能であろう――このように認めてみましょう。〔他方で〕しかし、やはりこうも主張しましょう。そういった神の善性は、前もって〔ア・プリオリには〕うちたてられず、現象から〔ア・ポステリオリに〕推測しなければならない。しかし、そうした推測の根拠は、存在しえない。というのも、宇宙には、非常に多くの悪が存在し、しかもそれらの悪は、(人間の知性がこうしたテーマについて判断を許された範囲で考える限り)簡単に取り除くことができたはずであるから。わたしは〔自分の見解についても〕懐疑的に考えますから、わたしの推論の一切にかかわらず、〔宇宙の〕悪しき外観が、あなたの想定する〔神の〕属性と両立できるのかもしれないと認めることはできます。しかし、そうした宇宙の悪しき外観は、あなたが想定する神の属性〔の存在〕を証明できないことは、間違いありません。この結論は懐疑主義から導きだすことはできませんが、しかし、現象からはそうなるはずですし、そうした現象から導いた推論に対するわたしたちの信頼からは、そうなるはずなのです。

この宇宙を見渡してみてください。生命をふきこまれて、かたちと感覚をそなえて、[13]活動する存在者が、なんと多種多様に存在するでしょうか！　あなたが称賛しているのは、この驚嘆すべき多様性と豊饒さです。しかし、観察に値する唯一の存在者であるこうした生物を、もう少し細かく検討してみてください。なんと、互いに対して敵対的、破壊的でしょうか！　これらのすべてが、自らの幸福のためになんと不十分でしょうか！　なんと、観察者にとって軽蔑すべき、おぞましいものでしょうか！　全体が示しているのは、偉大なる生命の原理が満ちてはいるが、周りがみえていない無計画な自然、という観念にほかなりません。この自然は、思慮もなければ親としてのケアもないままに、傷ついた発育不良の自分の子どもたちを、自らの庇護のもとから放り出しています。

ここにおいて、この難点を解決する一つの適切な仮説として、〔善悪二元論を採る〕マニ[14]教の体系が思いつきます。この体系は、ある点においては非常にもっともらしいですし、よくある仮説よりも蓋然性が高いのは疑いありません。人生に見られる善と悪の奇妙な混合について、もっともらしい説明を示しているからです。しかし他方で、宇宙の各部分が完全に斉一的で、調和をそなえていることを考察してみると、わたしたちは〔マニ教に反して〕、悪意あふれる存在者と、慈しみあふれる存在者が対決しているわずかな痕跡も、宇宙のなかには見出さないでしょう。たしかに、感覚をそなえる生物の感情には、苦痛と快楽の対立があります。しかし自然のすべての働きは、熱さと冷たさ、湿潤と乾燥、軽さと重さといった、各原理の対立によって動いているのではないでしょうか。正しい結論はこうでしょう。万物の根源的起源〔である神〕は、こういったすべての原理に、まったく無関心である。それは、冷たさより熱を、湿潤より乾燥を、重さより軽さを重んじることがないのと同じように、悪より善を重んじてはいないのです。

宇宙を生みだした第一原因がどういうものか。これについては、四つの仮説が可能で[15]しょう。〔第一に〕宇宙の第一原因は、完全な善性をそなえている。〔第二に〕それは、完全な悪意をそなえている。〔第三に〕それは対立しており、善性と悪意の両方をそなえている。〔第四に〕それは、善性も悪意もそなえていない。現象が混合していることから、最初の二つの、非混合的原理を証明することは不可能です。そして、一般法則が斉一性と安定性をそなえていることから、第三の原理が退けられるように思われます。従って、第四の原理が、圧倒的にもっとも蓋然性が高いように思われます。

わたしが自然的悪について語ったことは、そのまま、あるいはわずかに変えるだけで、[16]道徳的悪に適用されるでしょう。そして、至高の存在の道徳的正しさは人間の道徳的正しさに似ている、と推測する理由は、両者の慈しみが似ていると推測する理由がないのと同じように、存在しないのです。それどころか、神には、わたしたちが感じているような道徳感情はないとみなすべき、はるかに強い理由があると考えられるでしょう。なぜなら、多くの人の見解によれば、自然的悪が自然的善に対して支配的であるよりもはるかに大きな度合いで、〔この世界では〕道徳的悪は、道徳的善を圧倒しているからです。

17 しかし、仮にこの点は認めずに、人間の徳は悪徳よりもはるかに優勢であると認めるにしても、ところが、宇宙になんらかの悪徳が存在する限りは、それをどう説明するかは、あなたたち神人同形論者を大いに悩ませるでしょう。あなたは、第一原因〔である神〕をもちだすことなしに、悪徳の原因を定める必要があるのです。しかし、どの結果にも原因があり、その原因にも〔それを生みだした〕別の原因があるはずですから、あなたは、無限にさかのぼっていくか、もしくは、万物の究極的原因である根源的原理に依拠するか〔つまりは悪徳は神に由来するとするか〕のいずれかをしなければならないのです……。」

18 **デメア**が叫んだ。「待った！　待ってください！　あなたは想像力によって、どこまで駆けぬけていってしまうのですか。わたしは、神聖なる存在者の本性が人間には理解できないことを証明するため、そして、すべてを人間の尺度や基準で測ってしまうクレアンテスの原理を批判するために、あなたと連帯しました。ところがあなたは、いままでは、筋金入りのリベルタンや不信心者の語るすべてのトピックにたどりついていて、信奉しているかに見えた神聖なる大義を裏切っているように思われます。ということは、あなたは、実際には、クレアンテスその人よりも危険な敵なのですか。」

クレアンテスが答えた。「いまごろになって気づいたのですか。よろしいですか、デ 19
メア、あなたの友人フィロは、最初から、わたしたち二人を馬鹿にして楽しんでいたのですよ。たしかに、わたしたちの〔時代の〕通俗的な神学に見られる、思慮を欠く推論が、嘲笑の絶好の口実を彼に与えていたことは認めなければいけませんね。人間の理性の全面的な弱さ、神の本性の絶対的な理解不可能性、あまねく存在する大いなる悲惨さ、それよりももっと酷い人間の邪悪さ——こうした点を、正統的な聖職者や博士は好んで信奉していますが、たしかに、好んで信奉するには奇妙なトピックです。なるほど、無知蒙昧の時代であれば、こういった原理は、なんの害もなく採用できるでしょう。それに、なにも分からないままにただ驚嘆することを奨励したり、人間の無力感や憂鬱を奨励したりする考え方は、迷信を促進したいのであれば、おそらくはもっとも適しているのでしょう。しかし、現在は……。」

フィロが口を挟んだ。「かの尊きみなさま〔聖職者〕の無知を、そんなに批判してはい 20

けません。彼らは、時代とともに、自分たちのスタイルをどう変えるべきか分かっているのです。以前には、人気ある神学のトピックは、人生は虚しく悲惨であると主張することでした。そして、人間には避けることのできない悪や苦痛のすべてが、誇張して語られていました。ところが最近では、聖職者は、この立場を撤回し始めているようです。彼らは、依然としてためらいがちではありますが、現世においてさえ悪よりも善が多く、苦痛よりも快楽が多いと主張し始めているのです。かつて宗教が、人の気質や教育に全面的に立脚していた時代には、憂鬱な気持ちを奨励するのが望ましいと考えられていました。たしかに、そういう〔憂鬱な〕気分のときであれば、人間は、容易に、至高の力に帰依するからです。しかし、いまでは、人は、〔知的な吟味や検討を行い〕原理をつくって結論を導きだすことを学んできていますので、〔聖職者にとっては〕矛先を変えて、少なくともある種の吟味や検討には耐えうるような論証を活用することが必要なのです。この変化は、わたしが前に〔第一章で〕、懐疑主義について指摘した変化と同じものです（しかも同じ原因にもとづいています）。」

フィロはこのように、最後まで反対の精神を貫いて、既存の見解に対する批判を続けた。しかし、わたしには、デメアがその議論の後半を面白く思っていない様子がうかがえた。デメアはこのあとすぐに機を見計らって、なんだかんだと口実をつくって、集まりから立ち去ってしまった。

第一二章

1 デメアが去ったのち、クレアンテスとフィロは、以下のように会話を続けた。

クレアンテス「残念ながら、わたしたちの友は、このトピックについて、あなたがいるところでは話を再開するつもりはないようですね。フィロ、本当のところを言えば、わたしは、これほど崇高で興味深いテーマについては、あなたたちそれぞれと別々に推論したいですね。あなたの論争好きの精神は、通俗的な迷信に対する嫌悪感が加わったときには、論証においておかしなところにまで行きついてしまいますから。しかも、あなたはそうした機会に、ご自身が神聖で尊敬すべきとみなしているものでさえ一切容赦しませんよね。」

2 **フィロ**が答えた。「実は、わたしは、自然宗教というテーマについては、ほかのどんなテーマよりも、警戒しないでお話できるのです。というのも、このテーマでは、だれであれ、良識をそなえた人の原理をわたしが損ねてしまうことはありえないと分かっているからです。さらには、わたしのことを良識をそなえていると考える人は、だれであれ、わたしの意図を誤解しないであろうと、わたしは信じているからです。クレアンテス、気兼ねなく親しく一緒にいられるあなたは、とくにそうです。わたしは、好き勝手に話をしますし、風変わりな論証を好みますが、あなたには、わたしほど宗教の感覚を心に深く刻んでいる人はいないということはお分かりでしょう。わたしたちには説明不可能な自然の考案や技巧のなかにおいて、神聖なる存在者は自らを、理性に対して知らしめています。わたしほどに、そうした神を深く礼拝する人はいないことは、あなたにはお分かりでしょう。神の目的や意図や計画は、どこにおいても、もっとも不注意な人にも、もっとも愚かな思想家にも明らかです。これをどんなときも拒否するほどに不合理な体系に固執することは、だれにもできません。「自然は、無駄を行わない」――これこそ、あらゆる学派でうちたてられている格率です。一切の宗教的な思惑もなしに、自然の作品をよく検討しただけで、このようにうちたてられているのです。そして解剖学者は、この格率は真理であると堅く確信しており、そのため、新しい器官や導管を見つけると、その目的や意図も併せて発見するまでは満足しないのです。コペルニクスの体系の重要な基礎は、「自然はもっとも単純な方法をもちいて動き、どんな目的に対してももっとも適切な手段を選ぶ」という格率です。そして天文学者たちは、考えてやっているわけではないのですが、たびたび、敬虔と宗教のこの強力な基礎を明らかにしています。同様のことは、哲学の、そのほかの部門にも見られます。そして、このようにしてすべての学問が、意識しないままに、知性ある最初の創造者を認めるよう、わたしたちをおおよそ導いているのです。多くの場合に、そうした学問は、そうした意図を直接的に示しているわけではありませんから、それだけ一層これらの学問の権威は大きいのです(1)。

3 人体の構造をめぐる〔古代ローマの医学者〕ガレノスの推論を、興味深く聞いたことがあります。彼はこう言っています*。「人間を解剖すると、六〇〇を超える、異なった筋肉が見つかる。これらをきちんと検討すれば、だれにでも分かることがある。自然は、自らが意図した目的を得るために、それぞれの筋肉において、少なくとも一〇に及ぶ異なる事柄を調整したに違いないのである。適切なかたちとすること、正しいサイズとすること、いくつかの目的を正しく配置すること、全体の上部と下部を位置づけること、いくつかの神経・静脈・動脈をそれぞれに適切に挿入すること——こうした事柄をそれぞれの筋肉において調整したのである。その結果として、筋肉だけに限っても、六〇〇〇を超えるさまざまな目的や意図がつくりあげられているはずである」。ガレノスは、骨の数については二八四と計算しており、それぞれの構造がめざす目的は、四〇を超えるとしています。〔筋肉や骨といった〕こうした単純で同質的な部位においてさえ、なんと驚くべき技巧が示されていることでしょう。もし皮膚、靭帯、導管、腺、体液、四肢を検討してみるならば、技巧を凝らして調整された各部位の数や精密さに比例して、わたしたちはどれほど驚くことでしょうか。わたしたちは、こうした研究を進めれば進めるほどに、〔神の〕技術と知恵の新たな光景を発見するのです。しかしそればかりか、遠くにあってわたしたちには届かない、さらなる光景を視野に収めてください。各部位の細かな内部構造のうちにある、あるいは脳の編成のなかにある、あるいは性管のつくりのなかにある光景を、視野に収めてください。こういった技巧のすべては、動物の異なった種のどれにもあります。自然はそれぞれの種をつくるにあたって異なる意図を与えていますが、そうした意図に適うように、驚くほど多様なかたちで、厳密なまでに適切に、技巧がそれぞれに繰り返されているのです。このような驚くべき現象を前にしたガレノスが、自然についての学問がなお不完全であったこうした時代にあってさえ不信心を維持できなかったのであれば、〔自然の秩序がさらに解明されてきている〕現代に、いまもなお、至高の知性の存在を疑うことのできる哲学者は、一体どれほどの頑迷な強情さを身につけているのでしょうか。

＊原注　『胎児の発育』〔第六章〕[2]。

もし、わたしが、そうした哲学者（幸いにしてわずかしかいません）の一人と出会った 4

ならば、こう尋ねてみたいと思っています。わたしたちの感覚には直接には姿を示さない神がいると想定してみてください。この神は、自らの存在を示す強い証拠として、自然の全体の様子に現れている以上のものを示すことができるでしょうか。そうした神聖なる存在者に、実のところ、現在の万物の編成を写しだす以外のことができるでしょうか。自らの技巧の多くを分かりやすくして、どんな愚か者であっても見誤らないようにする以外のことができるでしょうか。それ以上にはるかに偉大な技巧は、わたしたち人間の狭い理解力を超える、神の驚くべき卓越を論理的に証明するのですが、これについては、その一端をごくわずかばかり示す以外のことができましょうか。そして、ほとんどの技巧については、わたしたちのような不完全な被造物からは、まったく隠しておく以外のことができましょうか。さて、正しい推論のあらゆるルールに従うならば、どんな事実であっても、その本性が認めるタイプの論証のすべてが支持している場合には、そうした論証そのものがとても多くはなくても、あるいはとても強力ではなくても、争う余地がなく正しいと認めなければならないのです。いまの事例のように、人間の想像力では論証の数を計算できず、人間の知性では論証の説得力を評価できない場合には、なおさらではないでしょうか。」

5 **クレアンテス**「あなたが巧みに主張なさったことに、つけ加えましょう。一神論の原理の大きな強みはなにかと言えば、これこそが、理解可能で完全なかたちにすることのできる、宇宙発生論の唯一の体系であることです。しかも、これは、わたしたちが日々この世界で見るもの、経験するものとの強い類比(アナロジー)をそのまま保ち続けることのできる、宇宙発生論の唯一の体系なのです。宇宙を、人間の考案が生みだす機械になぞらえるのは、あまりに明白で自然なことですし、自然にある秩序や計画の多くの実例がそれを正当化しています。それゆえ、そうしたなぞらえは、偏見をもたないすべての人の理解力に直接的に訴えかけて、すべての人の同意を得られるはずです。〔これに対して〕この理論の弱体化を試みる人は、そのだれもが、この代わりとなる、はっきりとして正確な別の理論をうちたてることによって勝利を主張することなどできません。そうした人にとってみれば、疑問や難点を語り始めて、事物を遠くから抽象的に捉えることによって、判断停止にまでたどり着ければそれで十分であって、それが彼の望みうる最大のことなのです。しかしこんな〔判断停止という〕精神状態は、それ自体として満足できるものではありませんし、しかも、あまりにはっきりした現象の数々に反するかたちで、安定して保ち続けることなど不可能です。そうした現象は、わたしたちを絶えず宗教的な仮説へと誘うのです。たしかに、間違った不合理な体系であっても、人間本性は、偏見の力によって頑迷・強情にそれに固執することが可能です。しかし、強力で明白な推論、自然の性向、幼いときからの教育のいずれにも支えられる理論に反しているならば、どんな体系であっても保ち続けることも、擁護することも絶対に不可能であるように考えます。」

フィロが答えた。「そういった判断停止は、この事例ではほとんど不可能であるように思われますので、〔そうではなくて〕わたしはこの論争には、一般に考えられている以 6
上に、言葉の争いがいくらか混入しているのではないかと考えています。自然の作品が、技術の生みだす産物と大いなる類比をそなえていることは、明白です。そして、わたしたちがこれらについて論じる場合には、正しい推論のあらゆるルールに従って、この二つを生みだした原因のあいだには、〔結果の類比に〕対応する類比がそなわると推測するはずです。しかし、〔自然の作品と技術の作品には〕大きな違いもありますので、それらの原因のあいだは〔そうした結果の違いに〕対応する違いがあると想定すべき理由があります。とくに、至高の原因の側には、わたしたちがこれまで人間のうちに観察してきたどんなものをも上回る、はるかに多くの力とエネルギーを帰属させるべきでしょう。このようにして、ここに、「神」の存在が理性によって明白に確証されます。そのうえで、もしわたしたちが〔神と人間の精神のあいだに、理に適ったかたちで想定することのできる大きな違いにもかかわらず〕、以上のような類比ゆえに、神のことを精神や知性と適切に呼びうるかどうかを問うとすれば、これは、単なる言葉の争い以外のなにものでしょうか。だれも、結果同士の類比については否定できません。それらの原因を探究しないというのも、ほとんど不可能です。その探究から導かれる正当な結論は、原因同士も類比をそなえるという点です。そのうえで、もし、至高の第一原因を「神」や「神性」と呼ぶことに満足できず、表現を変えてみたいのならば、「精神」や「思考」以外のなんと呼ぶことが可能でしょうか。彼は、それに大きく似ていると正当に想定されているのですから。

言葉の争いは、哲学や神学の探究には数多く含まれていますが、健全な理性をそなえた人は、だれもが言葉の争いを嫌います。この弊害に対する唯一の対策は、言葉の明確な定義、論証で使われる観念の明確化、用語の厳密で一貫した使用から得られるとされています。しかしながら、言語の本性や、人間の観念の本性そのものゆえに、つねに曖昧で、どれほど注意してもどのように定義しても、理に適った確実性や正確性には到達できないような種類の論争があります。それは、質の程度、事情の程度をめぐる論争です。ハンニバルは偉大か、非常に偉大か、究極的に偉大か。クレオパトラの美しさは、どの程度だったか。〔古代の歴史家の〕リウィウスやトゥキュディデスは、どのような称賛の辞に値するか――これらについて人は、永遠に議論することができますし、論争になんらかの決着をつけることはできません。ここにおいて、討論する人同士は、意味していない内容では合意するものの、使うべき言葉では意見を異にすることもありますし、その逆もありますが、しかしそれぞれが、自分が使う言葉を、相手の意味に通じるように定義することは不可能なのです。なぜならば、ここで問題になっている質の程度は、量や数とは違って、論争において基準となしうるような正確な計測ができないからです。ごくわずかばかりの探究で明らかになるように、一神論をめぐる論争はこのタイプの論争なのです。そしてそれゆえにこの論争は、単なる言葉の争いであるか、あるいはおそらく場合によっては、さらに手がつけられないほどに曖昧な争いなのです。〔例をお示ししましょう。〕わたしが、一神論者に対して、「人間の精神と、神の精神のあいだには、(理解不可能であるがゆえの)計測不可能な大きな違いがあると認めますか」と質問します。彼が敬虔であればあるほど、違いがあることに容易に同意するでしょうし、違いを大きく見積もるでしょう。違いは、どれだけ大きくしても大きくし切れないほどの性質のものであるとすら彼は主張するでしょう。次に、わたしは、無神論者と向きあいます。この無神論者は、単なる名ばかりの無神論者であって、本気で無神論者でありうるわけではないものとします。わたしは、彼にこう質問します。「この世界のあらゆる部分に見られる一貫性や明らかな共感から考えるとすると、自然のすべての働きには、状況や時代を問わず、ある程度の類比がそなわっているのではないでしょうか。カブの腐敗、動物の生殖、人間の思考の構造は、おそらくは、相互になんらかのかたちで遠くで類比する活動ではないでしょうか」。彼がこの類比を否定することは不可能ですし、すぐに認めるでしょう。この譲歩を引きだしたうえで、わたしは、彼がさらに退却するように迫ります。こう質問するのです。「この宇宙に最初に整序を与えて、引き続いて秩序を維持している原理は、自然のそのほかの働き(なかでもとくに人間の精神や思考の編成)と、われわれには理解できないがなんらかのかたちで遠くで類比する可能性もあるのではないでしょうか」。どれほどためらっても、彼はこれに同意するはずです。わたしは、これら二人の論敵にこう叫びます。「それならば、あなたたちは、なにを争っているのですか。一神論者は、〔宇宙を生みだした〕根源的知性は、人間の理性とは大きく違う点を認めていますし、他方、無神論者は、秩序の根源的原理は、人間の理性となんらかのかたちで遠くで類比する点を認めています。あなたたちは、程度について争おうというのですか。どんな正確な意味も、それゆえどんな決定も許すことのない論争に立ち入ろうというのですか。もし、あなたがたがそのように頑迷だとすれば、あなたたちがこっそり立場を入れ替えるのを知っても、わたしは驚きません。一方の側では一神論者が、至高の存在者と、脆弱で不完全で移ろいやすく彷徨える、死すべき被造物との違いを強調しています。他方の側では無神論者が、どんな時代、どんな状況、どんな立場であろうと、自然のすべての働きのうちにある類比を大きく見せています。それでは、論争の本当の対立点がどこにあるか、考えてみてください。そして、もしもあなたがたが論争をやめられないのならば、少なくとも自らの敵対心を自分で取り除くように努力してください(3)。」

8 そのうえでここでわたしは、こうも認めなければなりません、クレアンテス。自然の作品は、わたしたちの慈しみや正義の生みだす結果よりも、わたしたちの技術や考案の生みだす結果と、はるかに大きな類比をそなえていますので、ここからわたしたちは、神の道徳的属性が人間の〔道徳的属性である〕徳と似ている以上に、神の自然的属性は、人間の自然的属性と大きく似ていると推測できるのです。ところで、このことの帰結は、なんでしょうか。人間の道徳的特質は、人間の自然的能力よりも、能力として劣っているということにほかなりません。というのも、至高の存在者は、絶対的かつ全面的に完全であると認められているので、彼と大きく異なるものはなんであれ、正しさと完全の至高なる基準からこのうえなく遠く離れているということになるからです＊。

＊原注(4)　懐疑主義者と独断論者の争いは、完全に、言葉の争いであることは明白であるように思われます。あるいは少なくとも、それが、疑いや確信の程度だけに関わる争

いであるのは、明白であるように思われます（こうした点については、わたしたちは、どんな推論も許すべきです）。こうした争いは、一般には、根底において言葉の争いであり、どんな正確な決定に至ることも不可能です。〔一方において〕どんな哲学的な独断論者であっても、感覚にもすべての学問にも難点があり、そうした難点は、通常の論理的な方法では絶対に解決不可能であることを否定しません。〔他方において〕どんな懐疑主義者であっても、そうした難点はあれども、わたしたちはあらゆる種類のテーマについて考えること、信じること、推論することが絶対に必要であり、しかも、往々にして自信と安心をもって断定することさえ絶対に必要であることを否定しません。そうであるとすれば、これらの二つの学派（もし、その名前に値すればですが）の唯一の違いとは、懐疑主義者は、習慣・気まぐれ・性向にもとづいてとりわけ難点を強調し、独断論者は、同様の理由にもとづいて必要性を強調するという点だけなのです。

9 クレアンテス、以上が、このテーマについてのわたしの偽りなき考えです。お分かりのように、わたしは、こうした考えを、これまでずっと抱き続けて主張してきました。ただし、真の宗教を畏敬する気持ちと比例するように、わたしは、通俗的な迷信を強く嫌悪しています。正直にお話しますが、わたしはそうした〔迷信の〕原理を、ときには〔行き過ぎて堕落した〕不合理の方向に、ときには〔宗教を欠いた〕不敬虔の方向に極端に押しすすめてみて、〔その帰結を検討するという〕奇怪な愉悦を楽しんでいます。そしてお分かりのとおり、頑迷な人は、だれもが不合理よりも不敬虔を激しく嫌っているわけですが、そうした人はたいていは、この二つの過ちに同じように陥っているのです。」

クレアンテスが答えた。「わたしの気持ちは、反対であるとお伝えしますよ。宗教は、10
どれほど堕落しても、それがないよりは、はるかに優れています。[5]来世の〔賞罰の〕教義は、道徳をまもるための強力にして必要不可欠な手段ですから、それを放棄したり無視したりしてはなりません。というのも、この世の、限りある賞罰でさえ、日頃目にするように大きな効果がありますので、永遠にして無限に続く賞罰からは、さらにどれほど大きな効果が期待できるでしょうか。」

フィロ「では、通俗的な迷信が、社会にとって望ましいというのであれば、どんな歴 11
史にも、迷信が公共の事柄に有害な結果をもたらしたという説明がたくさん書かれているのはなぜでしょうか。党派争い、内戦、迫害、政府の転覆、圧政、隷属——これらは、迷信が人の心を支配した場合にいつでも帰結した陰鬱な結果です。どんな歴史の語りにおいても、宗教の精神が言及されると、その次には間違いなくそれに伴って生じた悲惨な出来事の詳細が書かれています。迷信が尊重されることも、耳にされることもない時代こそが、もっとも幸福で、繁栄を享受できる時代なのです。」

クレアンテスが答えた。「そのように観察される理由は、はっきりしています。宗教 12
の本来の役割は、人間の心を統制すること、行動を人間に相応しいものにすること、節制・秩序・服従の精神を注入することです。その働きは、静かになされますし、道徳や正義の動機を強くするだけですから、見落とされてしまったり、それらの別の動機と混同されてしまったりする危険があります。〔ところが〕宗教が独立して、一つの単独の原理として人に働きかけると、本来の持ち場から逸脱してしまい、党派心や野心を覆い隠すだけのものになってしまうのです。」

フィロ「しかも、すべての宗教がそうでしょう。例外は、哲学的で、理に適った宗教
だけです。あなたがお示しになった推論は、わたしの示した事実よりも、とても簡単に 13
退けられます。この世の限りある賞罰は大きな影響を及ぼしているので、永遠の無限なる賞罰には、それ以上に大きな影響があるはずであるという推測は正しくありません[6]。わたしたちが、目の前にあるものに対して抱く執着と、かくも遠く不確実な対象に対して示すごくわずかな関心について、どうか考えてみてください。聖職者たちが、この世でよく見られる振る舞いや行動を非難する場合には、いつだって彼らは、〔人間が現世に執着するという〕この原理を、想像できる限りで最強のものとして示します（この点はたしかにそのとおりです）。ほとんどすべての人はこの原理の影響のもとにあり、自分た

ちの宗教的関心については深い眠りと無関心に陥っているというのです。ところが、同じ聖職者たちが、理屈っぽい論敵を論駁するときはどうかと言えば、宗教的動機はたいへんに強力で、それを欠くようなことがあれば世俗社会は存続不可能であるかのように想定するのです。しかも彼らは、これほど明白な矛盾を、恥じることもありません。〔ところが、〕経験から確実なように、〔人間に〕自然にそなわる正直さと慈しみは、ほんのわずかばかりであっても、神学の理論や体系が示す大袈裟な見解よりも、人間の行動に強い影響を及ぼします。人間の自然の性向は、休むことなく当人に作用します。それは、いつも心にあり、あらゆる見解や考察と混ざります。これに対して、宗教的動機は、作動する場合であってももっぱら瞬間的に働くだけであり、これが、完全に心の習慣になることはおおよそ不可能です。哲学者たちの見解によれば、最大の引力であっても、衝突が生じた場合の最小の力と比べて、その力は限りなく小さいのですが、しかし最小の引力であっても、最終的には、衝突の大きな力に勝つことはたしかです。なぜなら、どれほど一打一撃が繰り返されても、引力や重力ほどに持続することは不可能だからです。〔このように、持続的に作用する力の影響は大きいのです。〕

14 〔人間の自然の〕性向には、もう一つ強みがあります。精神にあるあらゆる才能や創意を、自分の味方にするのです。そして宗教的原理と衝突する場合には、それを退けるあらゆる方法ややり方を探しだして、ほとんどの場合に成功をおさめます。人びとが自分の〔自然の〕性向に従って、自らの宗教的義務に反する場合に、その人の心を説明できるのはだれでしょうか。そうした場合に、人びとが自分を納得させるために語る、おかしな饒舌や言い訳について説明できるのはだれでしょうか。世間は、この点をよく理解しています。〔宗教を修めた人ではなく、学問や哲学を修めた人です。〕だから、「あの人は、学問と哲学を嗜んだから、神学に関わるテーマについていくつか理屈っぽい疑問をもつようになってしまった」と聞いたからといって、その人を信頼しなくなるのは、愚か者だけです。〔これとは反対に、〕関わりをもたねばならないのが、宗教や信心に大いに篤き人である場合に、このことが、思慮深いことで知られる人にどんな影響を与えるかと言えば、ほかのなにより、そのような人に騙されて欺かれることがないよう警戒するようになるのではないでしょうか。

15 さらに、哲学者たちは、理性と省察を育んでおり、自分たちを道徳の制約に従えるためにそうした〔来世の賞罰という宗教的な〕動機をほとんど必要としていないことも、考慮すべきです。そうした動機を必要とするのは一般の人びとだけなのですが、ところが、彼らは、純粋な宗教をまったく受け入れることができません。神が喜ぶのは、人間の有徳な振る舞いだけであるとみなす純粋な宗教を受け入れることができないのです。神に捧げるべきと一般にみなされているのは、どうでもよい些末な儀式、感極まったエクスタシー、あるいは頑迷な軽信のいずれかなのです[7]。こうした堕落の実例を探すために、わざわざ古代にまでさかのぼったり、遠い地域にまで迷いこんだりする必要はありません。わたしたち〔近代ヨーロッパ〕のあいだには、〔古代の〕エジプトやギリシアの迷信にも知られていなかったような下劣な罪を犯した人たちがいて、明示的に〔この世の〕道徳を貶めています。少しでも道徳を信頼したりそれに依拠したりすると、神の恩寵を確実に失うというのです。

しかし、迷信や熱狂は、道徳と直接に対立しない場合であっても、〔この世の道徳から〕 16
関心をまったく逸らして、どうでもいい新しい功徳を設けて、賞罰をきわめて不合理に配分します。こうしたことによってこのうえなく有害な結果がもたらされて、正義と人間性という自然にそなわる動機を尊重する気持ちが徹底的に弱められるに違いありません。

〔迷信や熱狂がもたらす〕こういった行動原理も、やはり同じように、人間の行動を普段 17
からつかさどる動機ではなく、ただ間欠的に気分に作用するだけです。そのため、敬虔な熱狂者が自らの行動に満足を覚えて、信心深い奉仕を全うできるようにするためには、持続的なてこ入れによって、そうした行動原理を高揚させる必要があるのです[8]。多くの宗教的実践は、見たところでは熱心に行われていますが、ところがその際に心は冷め切っていて無気力なのです。このようにして次第に、偽装の習慣がつくられていって、詐欺や虚偽が支配的な原理となっていきます。宗教におけるもっとも高揚した熱狂と、もっとも深刻な偽善は、相容れないどころか、同一人物の性格のなかでよく（あるいは一般的に）結びついているというよくある観察の理由は、こんなところにあるのです[9]。

18 こうした〔迷信や熱狂がもたらす〕習慣による悪影響は、日常生活における悪影響であっても、簡単に想像できます。ところが、宗教的な関心事が絡んでくると、どんな道徳も、熱狂的な狂信者を抑制できるだけの力をもちえません。大義が神聖であるために、その大義を推進するために用いられる可能性のある手段はすべて神聖であるとされてしまうのです。

19 永遠の救済という重大な関心事ばかりにいつも注意を向けていると、慈しみの感情は消えてしまい、視野の狭い狭量な利己心が生まれがちです。そして、そうした心の状態が奨励されると、慈善や慈しみという通常の格率は、すべて簡単に脇に追いやられてしまうのです。

20 以上のように、通俗的な迷信という動機は、〔この世の〕通常の行動には、大きな影響を及ぼしてはいません。また、この動機が支配的となる事例では、この動機の働きは、道徳にとってあまり好ましいものではありません。

聖職者の数と権力は、いずれもごく少ない範囲に限定すべきこと。世俗の統治者は、自らのファスケスと斧〔古代ローマにおける権力の象徴〕を、聖職者の危険な手から永続的に隔離しておくべきこと——これ以上に、政治学において、確実で間違いのない格率はあるでしょうか。しかし、もしも、人びと（ポピュラー）に広まった宗教の精神が、社会にとって有益であったのならば、これとは反対の格率が支配的となっていたはずです。聖職者の数が多く、彼らの権力と富が大きければ、いつでも宗教の精神が高まります。そうした宗教の精神を指導するのは聖職者でしょう。ところが、宗教のためにそのほかの人びとからは区別され、いつも人に宗教を説き、自らもその多くを受け入れているはずの聖職者に、気高い神聖な生き方や大いなる慈しみや穏和さを期待できないのは、なぜなのでしょうか。さらに、人びとに広まった宗教に関して、賢明な統治者がせいぜい提案できることと言えば、現実的には、可能な限り損害を少なくして、それが社会に及ぼす悪影響を防ぐことだけにとどまるのは一体なぜなのでしょうか。そうしたごくささやかな目的のために統治者が試みる方策は、どれも、不都合に直面してしまいます。仮に、統治者が、〔ほかの宗教を禁止して〕一つの宗教だけを臣民のあいだで認めることにすれば、〔宗派対立を放逐することで得られるはずの〕不確実な見込みしかない治安のために、公的な自由、学問、理性、勤勉（インダストリ）や、さらには統治者自身の独立までも、犠牲にしなければなりません。
仮に、統治者がこれよりは賢明な格率を採用して、複数の宗派に信仰の自由を認めるこ
とにすれば、その場合には、統治者はすべての宗派に対してたいへんに哲学的な無関心
を保って、有力な宗派の要求は注意深く抑え込まねばなりません。そうでなければ統治
者が期待できるのは、終わりのない争い、口論、党派対立、迫害、政治的動乱だけです。

　真の宗教であれば、こういった有害な結果をもたらさないことは認めます。しかし、 22
わたしたちは、これまでにこの世に一般的に見出されてきたままのかたちで、宗教を取
り扱わなければなりません。さらに、わたしは、一神論の思弁的な信条についても、な
にか言うつもりはありません。それは、哲学の一種ですから、哲学という原理の望まし
い影響をそなえているはずですが、同時に、哲学と同じ不都合もそなえるはずです。い
つでもごく少数の人に限られるという不都合です[10]。

　あらゆる裁判では、宣誓が要求されます。しかし、宣誓がそなえる権威が、人びとに 23
広まったなんらかの宗教に由来しているかどうかは疑問です。〔宗教ではなくて〕なによ
り、その場の厳粛さや重要性、評判についての配慮、社会の一般的利益についての考察
こそが人を抑制しているのです。税関での宣誓や政治的宣誓は、〔同じ宣誓ですが〕正直
と宗教の原理を説く人ですらほとんど重視していません。他方、クエーカーの宣誓は

〔異なった教義を前提にしてなされるわけですが〕、わたしたちは適切にも、そのほかの人たちの宣誓と同じ〔しっかりした〕土台に立脚しているとみなしています。ポリュビオスが、ギリシア人の信仰の評判が悪いことを、エピクロス哲学の蔓延のせいにしているのは知っています。* しかし、併せてわたしの知るところでは、古代世界においてカルタゴ人の信仰は、近代世界のアイルランド人の証言がそうであるように、評判がよくありませんでした。ところが、これらの通俗的な観察を〔エピクロス哲学の蔓延という〕同じ理由から説明することは不可能です。言うまでもありませんが、ギリシア人の信仰は、エピクロス哲学の登場以前から悪い評判だったのです。〔エピクロス以前の〕エウリピデスは、あなたにぜひお示ししたい一節において、この点に関して自民族に対して向けられた強烈な皮肉に簡単に言及しています。**」

＊原注　第六巻第五四節〔現行版では第六巻五六節。ポリュビオス『歴史　二』城江良和訳、京都大学学術出版会、二〇〇七年、三六三―六四頁〕。

＊＊原注　『タウリケーのイーピゲネイア』〔久保田忠利訳、岩波文庫、二〇〇四年、一〇八―一六頁〕。

クレアンテスが答えた。「ああ、フィロ、気をつけてください。物事を極端に押し進めすぎてはいけません。偽りの宗教を批判するあなたの熱意によって、真の宗教に対するあなたの畏敬を壊してはいけません。真の宗教の原理を失ってはなりません。枢軸たるこの原理は、人生における唯一の大いなる慰めであり、逆境のあらゆる痛手のなかでも、わたしたちを支えてくれる中心です。人間の想像力が示すことのできる、もっとも心地のよい省察はなにかと言えば、真正なる一神論をめぐる省察です。真正なる一神論においては、わたしたち人間は、完全に善にして賢明で力をそなえた存在者の仕上げた作品として描かれます。その神は、幸福のためにわたしたちを創造しました。神は、わたしたちのなかに、善を望む測り知れないほどの気持ちを埋めこむことを通じて、わたしたちの存在を永遠へと延ばします。そして神は、善を望むそうした気持ちを満たし、わたしたちの至福を完全にして持続的なものとするために、わたしたちを限りなく多様な光景へと移すのです。もし比較が許されるならばですが、神そのものに次いで、わたしたちが想像できるもっとも幸福な場とは、神の庇護・保護のもとにあることなのです。」

フィロ「そうした外観は、とても魅力的で惹きつけられますし、真の哲学者にとっては、外観以上のものです。しかしここでも、以前の事例と同じように、人類の大多数は外観に欺されてしまうのです。それにやはりここでも、宗教の恐怖のほうが一般に、宗教の慰めを圧倒しています。

26 人がもっとも容易に信心にすがるのは、悲しみに落ち込んだり、病いに憂いたりするときであることは認められるでしょう。このことが証明しているのは、宗教の精神が密接に結びついているのは喜びではなく、悲しみであるということではないでしょうか。」

27 **クレアンテス**が答えた。「しかし、人は悩みに直面すると、宗教に慰めを見出しますよね。」

フィロ「ときにはそうです。しかし、人がそうした未知の存在者について熟考した際に、どのようにしてそうした存在者の観念をつくるかと言えば、彼らのそのときの暗く憂鬱な気分に合致するようにつくると考えるのが自然です。だからこそ、お分かりのように、すべての宗教においては、おどろおどろしいイメージが圧倒しているのです。そして、わたしたち自身だって、神をこのうえなく高尚な表現を用いて描写したあとに、地獄に落とされる者は選ばれし者よりも限りなく多いと認めて、なにより明白な矛盾に陥っているのです。

肉体から離れた魂の状態は、人間にとって望ましいので、そうした状態であるべきで
28 ある——こうした観点を採る、人びとに広まった宗教は一つもなかったと申しあげましょう。そのように捉えるほどに洗練された宗教は、哲学の産物にすぎません。なぜなら死は、目に見える未来と、予測される未来のあいだに位置していますので、自然にとっ

て死はあまりに衝撃が大きく、その先にあるあらゆる場所には暗い陰が投ぜられるはずだからです。そして死は、普通の人にとっては、ケルベロス〔三つの頭をもつ地獄の番犬〕、フリアエ〔罪人に復讐を果たす三女神〕、悪魔、地獄の業火の苦しみ、といった観念を示唆するはずです。

たしかに、宗教には、恐怖と希望のどちらも入りこんでいます。というのも、この二つの情念は、それぞれ別のときに人間の心を揺るがせて、それぞれに対応したタイプの神をつくりあげるからです。ところが、陽気なときには、人はどんな仕事でも社交でも娯楽でもこなすことができますし、宗教のことなど考えずに、自然とこれらに従事します。〔これに対して、〕憂鬱で落ち込んでいるときには、人は不可視の世界の恐怖について思い悩むばかりで、さらに深く苦しみへと落ち込んでいきます。実際には、彼が、このように自分の考えや想像力の奥深くに宗教的な見解を刻みこんだのちに、体調や状況が変わることもあるでしょう。そうして陽気さが回復したり、未来を明るく展望して、喜びと満足というもう一方の極に駆けこんだりすることもあるでしょう。しかし、それでもやはり認めなければならないのは、恐怖こそが宗教の第一の原理であり、それゆえ、この恐怖という情念は宗教においてつねに支配的であること、この情念はつかの間の快楽だけしか認めないということです。

言うまでもありませんが、〔宗教が認める〕そういった極端で熱狂的な喜びの高まりは、30
精神を消耗させてしまって、つねに、迷信的な恐怖や落胆が、同水準に高まることを準
備します。落ち着いた穏やかな心の状態ほど、幸福なものはないのです。ところが、永
遠の幸福と永遠の悲惨さの狭間に存在する、不確実な深い闇に自分はいる――そう考え
てしまうと、この幸福な状態を維持することはできません。そうした見解が、通常の精
神状態を乱して大混乱に陥れるのは不思議ではありません。そうした見解は、行動のす
べてに影響を及ぼすほどに持続的に働きかけることはまれですが、しかし、気分を大き
く損ねたり、陰気で憂鬱な気持ちを生みだしたりしがちです。それは、信心深いすべて
の人に顕著に見られます。

どのようなものであれ、〔このように〕なんらかの見解がもとになって不安や恐怖を感 31
じることは、良識に反することです。また、理性をなにより自由に用いてみたところ、
わたしたちは来世において危険を被ると想像することも、良識に反することです。〔来
世の賞罰をめぐる〕そういった考えは、不合理ですし一貫性も欠いています。〔すなわち第
一に、〕神には人間の情念があり、人間の情念のなかでももっとも低劣な、称賛されたい
という絶えざる欲望をもっていると信じるのは不合理です。〔第二に、〕神は、そのような
人間の情念をそなえているから、そのほかの情念はもたない、とくにはるかに劣った被

造物の抱く見解に対する無関心という情念はもたないと信じるのは、一貫性を欠いています(11)。

セネカによれば、「神を知ることが、神を崇拝することなのです」〔セネカ『倫理書簡集』、 32
『セネカ哲学全集　六』大芝芳弘訳、岩波書店、二〇〇六年、一八八頁〕。〔知るという以外の〕そのほかのすべての崇拝は、実際には不合理で、迷信的で、しかも不敬虔でさえあります。そういった崇拝は、神を、人間の低劣な状態へと貶めてしまいます。つまり、神が哀願・懇願・贈りもの・お世辞をうれしがるとみなしてしまうのです。しかし、この不敬虔は、迷信が犯す罪のなかでは、もっとも軽微なものです。迷信は、一般に、神を人間の状態に比べてもはるか下にまで引き下げて、気まぐれな悪魔(デーモン)として描いてしまうのです。理性も、人間性も欠いたままに力をふるう悪魔として！　もしもこの神聖なる存在者が、自らが仕上げた作品たる、愚かな死すべき者どもの悪徳や愚行に怒りがちであるとすれば、人びとに広まる多くの迷信を信じる人たちは、間違いなくがっかりするでしょう。人類は、ごく一部を除けば、だれも、神の恩寵に値しないことでしょう。そのわずかな例外こそ、哲学的な一神論者なのです。哲学的な一神論者は、神の神的完全性について、それに適した考えを抱いている(あるいはそうしようとしている)からです。〔他方で、〕神の憐れみと赦しに唯一値するのは、〔哲学的な一神論者と〕ほとんど同じようにごく稀な学派である、哲学的な懐疑主義者がそうでしょう。哲学的な懐疑主義者は、自分たち自身の能力に対する自然な不信感ゆえに、そうした崇高で尋常でないテーマについては、判断を一切停止している(あるいはそうしようとしている)からです。

仮に、一部の人たちの主張しているように、自然神学の全体が、単純だがいささか曖昧で、少なくともきちんと定義されてはいない以下の命題に帰着すると仮定してみましょう。「宇宙の秩序の原因(あるいは複数の原因)は、おそらくは、人間の知性となんらかのかたちで遠くで類比する」という命題です。この命題を拡張したり、変更したり、これ以上は詳しく説明したりはできないと仮定します。また、この命題は、人間の生活に影響を及ぼすような推測はなにも生みださないし、なんらかの行動や不作為を生みだす可能性もないとします。さらに、この類比は不完全なものですが、人間の知性を超えて〔ほかのものとの〕類比が示される可能性も、もっともらしく、〔人間の〕精神のそのほかの性質〔との類比〕に移行される可能性もない、とします。もし、実際に以上のとおりであるとすれば、この場合、だれより好奇心があって思索好きで宗教心をそなえた人にとっては、この命題が心に思い浮かぶたびに、この命題にはっきりと哲学的な同意を与える以上に一体なにができるでしょうか。この命題を支持する論証は、これを否定する反論よりも優れていると信じること以上になにができるでしょうか。実際には、対象の偉

33

大さゆえに、自然と、ある種の驚きが生まれることでしょう。また、対象の曖昧さゆえに、ある種の憂鬱な気持ちが生まれるでしょう。また、人間の理性に対するある種の軽蔑も生まれるでしょう。人間の理性は、尋常でない偉大なる問いに対してこれ以上に納得のいく解答を示すことができないからです。しかし、いいですか、クレアンテス。この場合に、まともな精神をもった人が感じるであろうもっとも自然な感情は、願いと期待なのです。それは、この深刻な無知を神が解消してほしい、少なくとも軽減してほしいという願いと期待です。それは、なんらかのさらなる特殊な啓示を人間に示して、わたしたちの信仰が向かう神聖なる対象の本性・属性・働きを明らかにすることで、この無知を解消してほしい、軽減してほしいという願いと期待です。〔人間に〕自然にそなわる理性は不完全であると正しく理解した人であれば、啓示で明かされる真理に向けて、最大の熱意で飛びたっていくでしょう。ところが、他方、傲慢な独断論者は、哲学の助けさえあれば、自分で完全な神学体系を確立できると信じこんでいるので、哲学以外の助けを見下していて、〔啓示という〕再臨したこの導きの師を拒否するのです。学問の世界の人（マン・オヴ・レターズ）にとって、哲学的な懐疑主義者であることは、健全にして信心深いキリスト者となるための最初の、そしてもっとも本質的な一歩です。これこそが、わたしがパンフィルスにぜひとも関心を払ってほしいとお奨めする命題です。教え子の教育と指導にこんなにまで立ち入ってしまったことを、クレアンテスには、どうか許してもらいたいと思っています。」

　クレアンテスとフィロは、これ以上は、この会話を続けなかった。この日のすべての 34
推論ほどに、わたしに大きな印象を与えたものはこれまでなかった。だからこそ正直に告白すれば、全体を真剣に見直してみると、フィロの原理はデメアの原理よりも蓋然性が高いが、しかしクレアンテスの原理のほうがさらにずっと真理に近い――わたしはそう考えざるをえない。[12]

（おわり）

訳注

パンフィルスよりヘルミップスへ

(1) 対話というジャンルが近代に衰退したことは、当時の古代近代論争で語られていた。たとえば、Anthony Ashley Cooper, Third Earl of Shaftesbury, *Characteristics of Men, Manners, Opinions, Times*, ed. Lawrence E. Klein, Cambridge University Press, 1999, pp. 233-34.

(2) 本書と比較されることの多いキケロの対話篇『神々の本性について』は、「哲学には、これまで十分に解明されていない問題が数多くあるが、神々の本性をめぐる探究ほど困難で曖昧模糊としたものはない」と始まる(『キケロー選集　一一』山下太郎訳、岩波書店、二〇〇〇年、四―七頁)。

(3) この「パンフィルスよりヘルミップスへ」と題するプロローグは、草稿では、二枚のシートの両面(一―三頁。四頁は空白)に書かれている。スチュアートは、本論部分(草稿五―八四頁)との用紙の違いなどを根拠に、このプロローグが本論とは独立に、一七六〇―六一年頃に執筆されたと推定している。M. A. Stewart, 'The Dating of Hume's Manuscripts,' *The Scottish Enlightenment*, ed. Paul B. Wood, University of Rochester Press, 2000, p. 300.

第一章

(1) ここでのフィロと同じように、ヒュームは、「「ピュロン主義」、つまり極端な懐疑主義」を退けて、「より穏和な懐疑主義、すなわち「アカデメイア派的な」哲学」を提唱している(『人間知性研究』一二・二一—二五)。哲学や懐疑主義と日常生活との関連については、そのほか、『人間本性論』一・四・一・七、一・四・七・七—一三、『エディンバラの友人に宛てた書簡』二一段落。これらの作品におけるヒュームの主張は、この前後の箇所のクレアンテスの発言にも反映している。

(2) ヒュームの宗教論において、theism は、ほとんどの場合、無神論に対抗するのみならず、多神論・多神教に対抗する概念である。従って、「有神論」よりも「一神論」や「一神教」と訳したほうが適切な場合が多い。

(3) ポプキンは、自らが校訂した版において、魔女を論じた懐疑主義者ジョセフ・グランヴィル(一六三六—八〇)への言及と推定している(p. 8)。

(4) [Antoine Arnauld and Pierre Nicole,] *Logic; or, The Art of Thinking*, London, 1685, p. 8.

(5) この段落のここまでの記述について、『エディンバラの友人に宛てた書簡』二四段落を参照。

(6) Pierre Daniel Huet, *Traité philosophique de la foiblesse de l'esprit humain*, Amsterdam, 1723.

(7) Francis Bacon, 'Meditationes Sacrae,' *Essaies Religious Meditations*, London, 1598, pp. 24–26.

(8) この作品で、「deism(理神論)」という語彙が用いられる唯一の箇所。この作品では、どの登場人物の立場も、理神論とは表現されない。コールマンがその校訂版の序文で指摘するように(p. xiii)、一八世紀においては、啓示宗教の信奉者の多くも、自然宗教・自然神学(啓示以外の根拠にもとづく宗教・神学)を援用していた。従って、理神論と自然宗教を等置するのは適切でない。

(9) 草稿(一四頁)において、「聖職者たち」が削除されて、「かの尊き紳士のみなさま」に修正されている。

第二章

(1) Nicolas Malebranche, *De la recherche de la vérité*, Paris, 1674, t. 1, p. 400; *The Search after Truth*, trans. and eds. Thomas M. Lennon and Paul J. Olscamp, Cambridge University Press, 1997, p. 251.

(2) 「人間の推論」をア・プリオリな知識とア・ポステリオリな蓋然知に区別したうえで、さらに、確実性の程度によって後者を二つに分けて、知識、証明、蓋然知の三種類に区分する『人間本性論』一・三・一一・二を参照。

(3) 人間の作品と神の作品が類比を欠くことは、『人間知性研究』一一・二七でも語られる。

(4) ヒュームは、因果関係を判定する一般規則の一つとして、同様の点を指摘している(『人間本性論』一・三・一五・六)。この点についてはニュートンの影響が指摘されている。「規則Ⅱ　従って、自然界の同種の結果は、できる限り、同じ原因に帰着されねばならない」(『プリンキピア』、『ニュートン』河辺六男訳、中公バックス、一九七九年、四一五頁)。

(5) 人間が自分たちになぞらえて神を理解する傾向については、書簡(一七五一年三月一〇日)にも記述がある。「できることなら、クレアンテスの論証を分析して、相応の形式と規則性を与えられたらありがたいと思っています。……〔クレアンテスの論証を好む〕この性向は、わたしたちが、雲のうちに人間そのものの姿を、月のうちに人間の表情を、生命のない物質のうちにすら人間の情念や感情を見出しがちであるという傾向とはいささか違うものであることを、わたしたちは証明するよう努めなければなりません。こうした〔人間になぞらえてしまう〕傾向は、コントロールできますし、そうしなければなりません。これは、〔クレアンテスの論証に対する〕同意の正統な基礎にはなりえません」(*The Letters of David Hume*, ed. J. Y. T. Greig, Oxford University Press, 1932, v. 1, p. 155)。

(6)　恒常的連接を欠いた単独の事例については因果推論ができない点は、『人間知性研究』一一・三〇。

第三章

(1)　ニュートンと近しかった数学者コリン・マクローリン(エディンバラ大学教授、一六九八―一七四六)の『サー・アイザック・ニュートンの哲学的発見の説明』(一七四八年)には、これによく似た議論がある。彼は、ニュートン主義にもとづいて自然宗教を論じていた。「宇宙の至るところには、事物がはっきりとした考案にもとづいており、相互にうまくつくられていることが見出されますが、ここから、神の存在を示す平易な論証がもたらされます。この論証は、だれにとっても明らかであり、抗いえない確信をもたらします。この点について、巧みな、あるいは繊細な推論は必要ありません。はっきりと示された考案は、ただちに、考案者がいることを示しているからです。……たとえば、光学の原理や目の構造を知る人であれば、だれでも、光学のスキルなしに目がつくられたなどと信じることはできません」(Colin Maclaurin, *An Account of Sir Isaac Newton's Philosophical Discoveries*, London, 1748, p. 381)。ハールバットは、マクローリンやジョージ・チェイニー(物理学者、一六七一―一七四三)といったニュートン主義者の「科学的一神論」が、クレアンテスの議論のモデルであると推定している。R. H. Hurlbutt III, 'David Hume and Scientific Theism,' *Journal of the History of Ideas*, 17(4), 1956.

(2)　『エネアデス』、『プロティノス全集　三』田中美知太郎ほか訳、中央公論社、一九八七年、五〇〇頁以下、『プロティノス全集　四』五八二頁以下。この箇所のヒュームの記述は、マクローリンのそれに酷似している。「テーマが難解であったため、のちのプラトン主義者、とくにプロティノスは、神や、わたしたちが神に捧げる崇拝について、このうえなく神秘的で理解不可能な考え方を導入することとなりました。たとえば、プロティノスは、知性や理解力を神の属性とみなすべきではないと語っています。そして、神に対する、わたしたちのもっとも完全なかたちの崇拝は、畏敬や尊敬や感謝や愛の行いにあるのでなく、ある種の神秘的な自己否定、すなわち、わたしたちの能力すべての完全な停止にあると語っています」(Maclaurin, *Newton's Philosophical Discoveries*, p. 378)。

第四章

(1)　草稿三三頁では、この文ののちの、以下の一節が(その行間に加えられた加筆修正とともに)取り消し線で削除されている。「わたしたちは自分たちにまったく似ないものの観念や、自分たちの感覚や経験にこれまでに示されてきたものにまったく似ないものの観念はもたない、という哲学の原理をご存じないのですか。」

(2)　第三章末から第四章始めにかけては、人間の精神と、神の精神の異同がテーマになっている。コールマン(pp. xxiv–xxv)は、両者の違いを量的とみなすか質的とみなすかをめぐる、ジョージ・バークリー(一六八五―一七五三)とピーター・ブラウン(アングリカン聖職者、一六六五―

一七三五)の論争の影響を指摘している。

(3) 人間の精神の変転をめぐるデメアのこの主張について、『人間本性論』一・四・六・四。

(4) 草稿(三五頁)において、この段落冒頭にあった以下の一節が、斜線で削除されている。「クレアンテス、世界は、人間のつくる計画に類似したある計画から生まれた、とあなたは主張しています。明らかなように、このように主張する際にあなたがなにをしているかと言えば、宇宙(つまりは物質的世界)と類似した各部分から成り立っている精神(つまりは精神的世界)をわたしたちに示し、そのうえで、精神は宇宙の原因であると主張しているのです。」

(5) 草稿において追加された段落。第四章末の三八頁にAAとして追記されて、ここに挿入するように指示されている。この挿入部分の次(草稿三五頁)に当初あった以下の段落は、削除されている。「わたしたちが理性に頼るとすると、すべての原因と結果〔の組み合わせ〕が同じように、ア・プリオリに説明できてしまうように思われます。単に、それらの本性を抽象的に検討するだけでは、そのうちのどれが、原因や結果なのかを確定することはできません。その確定のためには、経験に頼ること(つまり、わたしたちが、物の働きから生じたと見出したものについて考案すること)が必要になります。そして、「理性は、ア・プリオリに判断することによって、すべての原因と結果〔の組み合わせ〕が同じように説明可能であるとしてしまう」という命題がもし一般的に正しいのならば、外的な物の世界と、その原因とされている思考の世界を比べるときには、なおさらにそれが正しいはずです。〔すなわち〕もし理性が、物の世界はその原因を必要とすると示すならば、思考の世界についても〔原因が必要であるという〕同じ情報を伝えるはずです。そして、理性によると、一方の世界が、ある特定の原因を必要とするということであるならば、他方の世界も同じ原因を必要とするはずです。それゆえ、物の世界の原因についてわたしたちがつくることのできるどんな命題であっても、その命題が一貫していて理解可能で必然的であるならば、それを〔あなたが描いたような〕思考の世界にあてはめてみるならば、理性にとっては同じように、一貫していて理解可能で必然的であるように見えるはずですし、〔思考の世界の原因を、物の世界へとあてはめてみる〕逆の場合も同じです。以上から明らかなように、抽象的理性が判断可能な範囲では、物の宇宙と、思考の宇宙のいずれを土台とするかは、まったくどちらでもよいということになりますし、一方から他方へとたどっていっても〔同じであると想定されるので〕なにも得るものはありません。」

（6）「一般的な原因」が説明不可能であることについて、『人間知性研究』四・一・一二。

（7）草稿において、段落冒頭からここまでが追加された。追加部分は、第四章末の三八頁にBBとして追記されて、ここに挿入するように指示されている。当初存在した段落冒頭からの以下の一節は、斜線で削除されている。「フィロは語った。あなたの原理（すなわち、宗教の体系は経験から、しかも経験だけから説明可能であり、神は、なんらかの外的な原因から生じたとみなす原理）にもとづくのならば、あなたの答えは、おそらくは正しいのでしょう。しかし、そうした意見を採用するのは、お分かりのように、ごく少数でしょう。あなたとは別の原理にもとづいて推論して、しかし、神の本性は神秘的なまでに純粋であるという点は退けるすべての人にとっては、わたしの反論は、依然として正しいのです。」

（8）草稿において、第一章から第四章までは、頁数の割りあてに変則的な箇所がある。第一章末の一五・一六頁は欠番である。第三章の各頁は、頁が振り直されている（もともとの二九―三二頁はそれぞれ二七―三〇頁に、二七・二八頁はそれぞれ三一・三二頁を経て三一・三二頁に修正されている）。第三章末の三二頁は空白頁、第四章末の三九・四〇頁は欠番である（これ以降には欠番や空白頁はない)。スチュアートは、草稿におけるこうした頁数の割りあてを根拠にして、第一章から第四章まではまとめて執筆されたと推定している。スチュアートはまた、当初付された各章の開始頁が、四の倍数に一を足した数であること(つまり、四頁をひとまとまりとして執筆したと推定できること)から、ヒュームは、二つ折りにすると二枚のリーフ(両面で四頁)となるシートに執筆していたと推定している。Stewart, 'The Dating of Hume's Manuscripts,' pp. 290-98.

第五章

(1) 結果に対応する原因しか導けないとの論点は、『人間知性研究』一一・一二—一八。

(2) ニュートンが論じていた点である。「規則I 自然界の事物の原因として、真実でありかつそれらの(発現する)諸現象を説明するために十分であるより多くのものを認めるべきではないこと」(『プリンキピア』、『ニュートン』四一五頁)。

第六章

(1) たとえばGeorge Berkeley, *Alciphron: or, The Minute Philosopher. In Seven Dialogues*, London, 1732, v. 2, p. 83.

(2) ウェルギリウス『農耕詩』(『牧歌 農耕詩』小川正廣訳、京都大学学術出版会、二〇〇四年、一〇九頁)についてのマウルス・セルウィウス・ホノラトゥス(四世紀の文法学者)のコメンタリー(*Servii Grammatici qui feruntur in Vergilii carmina commentarii*, Lipsiae, 1881, v. 3, p. 219)、あるいは、プリニウス『博物誌』(『プリニウスの博物誌 二』中野定雄ほか訳、雄山閣出版、一九八六年、六四六頁)、アテナイオス『食卓の賢人たち　一』(柳沼重剛訳、京都大学学術出版会、一九九七年、一八二頁)に由来すると推測される記述。

(3)　草稿(四八頁)において修正された箇所。当初の「どんな仮説にもとづいたとしても、偶然を主張するのは馬鹿げています」、また、行間に追記された「あるいは同じものですが自由の占めるべき場所はないように思われます」は、取り消し線で削除されている。

(4)　草稿(四八頁)においてこの段落は、前の段落までと比べて、字は小さく行間は狭い。

第七章

(1)　ベイル『歴史批評辞典』の項目「スピノザ」(『ピエール・ベール著作集　五』野沢協訳、法政大学出版局、一九八七年、六四七頁)のヒンドゥー教をめぐる記述に、類似した話が登場する。

第八章

(1)　ルクレティウス『物の本質について』樋口勝彦訳、岩波文庫、一九六一年、五五―五七頁、二二七―二二八頁に、これに対応する議論がある。神が世界をつくったわけではない点について二一九―二二〇頁。

(2)　たとえばサミュエル・クラーク(一六七五―一七二九)が、そのようにエピクロス派を評価していた。「第三に、自ら存在する、万物の根源的原因は、知性をそなえる存在者である――この点は、世界の万物が、すばらしいほどに多様で、秩序あり、美しく、驚嘆するほど巧みに考案されていてそれぞれに固有の目的に適合していることから、十分に明らかです。……エピクロスの仮説、すなわち、地球はそれらすべてを最初に偶然につくったという仮説が、いかに馬鹿馬鹿しいかについては、哲学における最近の発見から明らかです(それればかりか、この仮説はいまでは、無神論者たちすべてにさえ放棄されているように思われます)。それは、どんな卑しい動植物であっても、自然発生はありえないという発見です」(Samuel Clarke, *A Demonstration of the Being and Attributes of God and Other Writings*, ed. Ezio Vailati, Cambridge University Press, 1998, pp. 43-44)。

(3) 自然の類比については、『プリンキピア』、『ニュートン』四一五―一六頁。

(4) 判断停止については、『宗教の自然史』最終章の最終段落(一五・一三)。

(5) ケンプ・スミスは、その校訂版で、この「全人類とともに with all mankind」について、「全人類に対して against all mankind」の意と解している(p. 187)。

第九章

(1) デメアによるア・プリオリな論証は、本章第七段落の原注にも明らかなように、サミュエル・クラークの主張をふまえており、語彙や語法にも共通性がある。クラークの『神の存在と属性の論理的証明』(一七〇五年)は、数学に近い論証をめざすことを序文で宣言したうえで、まず、「永遠〔の昔〕から単一にして不変の、独立したなんらかの存在者が存在してきたこと」を示す。無からは無しか生まれないので、なにも存在しなかった過去があったとすれば、現在にはなにも存在していなかったはずである、というのがその論拠である。その存在者は、外的原因なしに必然的に存在する、万物の根源的原因である。クラークはそののち、その存在者の本質は人間には認識不可能であるが、その属性は論理的に証明できることを論じる(Clarke, *A Demonstration*, pp. 3-92)。クラークは、ニュートン主義者を自認しており(彼はニュートンの『光学』の翻訳者である)、ア・プリオリな論証だけでなく、ア・ポステリオリな論証の援用にも一定の意義を認めた(Robert H. Hurlbutt III, *Hume, Newton, and the Design Argument*, University of Nebraska Press, 1965, pp. 31-33)。以上の通説的理解に対してスチュアートは、ケイムズ卿を批判したジョージ・アンダーソン(一六七六—一七五六)をデメアのモデルと推定している。M. A. Stewart, 'Hume and the "Metaphysical Argument *a Priori*,"' *Philosophy, Its History and Historiography*, ed. A. J. Holland, D. Reidel, 1985.

(2) Clarke, *A Demonstration*, p. 28. 因果的必然性は論理的には証明できないことを論じた『人間本性論』一・三・三・五において、クラークのこの主張は明示的に批判されている。

(3) 無限の連鎖そのものが根源的原因を必要とする、というこの段落の議論は、クラーク『神の存在と属性の論理的証明』の第二章で論じられている。その改訂第二版以降には、「偶然は、なんら重要性のない、単なる言葉にすぎません」(London, 1706, p. 22)という記述もある。

(4) ここでのクレアンテスの主張は、思い描くことができる(conceivable)のであれば、つまり矛盾なしに考えることができるのであれば、論理的には可能性を排除できない(すなわち、反対のものを思い描くことができるものについては論理的な証明を与えることはできない、事実問題を論理的証明で扱うことはできない)という、ヒューム自身の因果論に繰り返し登場する主張である。「わたしたちは、自然の過程における変化を少なくとも思い描くことは可能であり、このことは、そうした変化が絶対的に不可能なわけではないことを十分に証明する。あるものについて明確な観念をもつことは、そのことが可能であることを示す、反駁しえない論証であり、これだけで、そのことの可能性を否定する論理的証明と称するものは論駁される」(『人間本性論』一・三・六・五)。「すべての推論は、二種類に区別できる。すなわち、論理的証明の推論(観念の関係に関わる推論)と、道徳的推論(事実と存在の問題に関わる推論)である。〔因果に関わる〕いまの事例において、論理的証明の推論が存在しないことは、明白であるように思われる。……理解できるもの、はっきりと思い描くことができるものは、どんなものであっても、そこには矛盾は含まれておらず、どんな論理的証明の推論(すなわちア・プリオリな抽象的推論)によっても、それが偽であることを証明することは不可能である」(『人間知性研究』四・一八)。

(5) ヒュームは、クラークから逐語的に引用しているわけではなく、以下の記述を再構成していると推定される。「第四に、以上から、物質的世界は、第一の根源的存在者(創造されず、独立して、それ自体が永遠である存在者)ではありえないということになる。……物質的世界がこのように必然的に存在するわけではないことは、あまりに自明である。というのも、存在する絶対的必然性と、存在しない可能性は、相互に矛盾する観念であって、わたしたちが矛盾なしに、物質的世界は存在しない、あるいはなんらかの点で現在とは別様のかたちで存在すると思い描くことができるとすれば、物質的世界が必然的に存在しえないことは明白だからである。……〔世界の〕かたちと物質も、もっとも恣意的でもっとも依存したものであり、想像できる限りで、必然的であることからはもっとも遠い」(Clarke, *A Demonstration*, pp. 17-18)。クラークはこののちの箇所で、物質的世界の必然性を主張した論者としてスピノザを批判している(pp. 20-23)。

(6) 同様の議論として『人間本性論』一・二・二・三。

(7) 正しくは九月号に掲載された「一つの算術の問いを含むD. F. D. R. 氏〔ルーアンのフォントネル氏〕によるメモワール」。*Nouvelles de la république des lettres. Mois de septembre 1685*, Amsterdam, 1685, pp. 944-47. ベイルがこの刊行物の編者であり、この記事は、一七二七年の『ベイル全集』(*Œuvres diverses de Mr. Pierre Bayle*, La Haye, 1727, t. I, p. 363)にも収録されて

いる。

（8）ア・プリオリな論証を人びとが理解も重視もしていない点について、『エディンバラの友人に宛てた書簡』二七段落。

第一〇章

（1）希望と恐怖から宗教が生まれるとの理解について、『宗教の自然史』三章。

（2）William King, *De origine mali*, Dublin, 1702; Gottfried Leibniz, *Essais de théodicée sur la bonté de Dieu, la liberté de l'homme et l'origine du mal*, Amsterdam, 1710.

（3）『人間知性研究』八・三四―三五は、自然な道徳感情をもちだして最善説を批判している。

（4）Matthew Prior, *Poems on Several Occasions*, London, 1718, p. 498.

（5）プライス(p. 225)、ガスキン(p. 208)、コールマン(p. 73)が典拠として推定しているのは、ベイル『歴史批評辞典』の項目「カール五世」である。Pierre Bayle, *Dictionnaire historique et critique*, Rotterdam, 1697, t. 1 seconde partie, pp. 837–39; *The Dictionary Historical and Critical of Mr. Peter Bayle*, London, 1735, v. 2, pp. 438–39.

（6）「望んでいる hope」は、ドライデンの原文では「思っている think」。

（7）プライス(p. 227)、ガスキン(p. 208)、コールマン(p. 74)が典拠として推定しているのは、ベイル『歴史批評辞典』の項目「パウリキウス派」である。パウリキウス派は、マニ教の影響を受けた一宗派。その神義論をめぐる長い注Eには、エピクロスの問いをめぐる類似の紹介がある。『ピエール・ベール著作集　五』七九頁。

（8）ア・ポステリオリな論証からは、来世や摂理を導くことができない点は、『人間知性研究』

一一章。

（9）　神の慈しみを導くのは、神の知性からは不可能であり、神が創造した宇宙の状態に注目する必要がある。しかし、宇宙で善と悪のいずれが優勢であるかは判定が難しく、また、善が優勢であっても、悪が存在すれば慈しみを導くことはできない。以上の主張は、一九九三年に発見された「悪をめぐる初期断片」と呼ばれるヒュームの草稿にも記載がある。「第七節　第四の反論」というタイトルのもとに、神の道徳的属性を経験的に吟味するこの草稿については、本作品との関連も含めて、M. A. Stewart, 'An Early Fragment on Evil,' *Hume and Hume's Connexions*, eds. M. A. Stewart and John P. Wright, Edinburgh University Press, 1994 を参照。

第一一章

（1）　この区別については、J. C. A. Gaskin, *Hume's Philosophy of Religion*, 2nd ed., Macmillan, 1988, ch. 3 を参照。

（2）　草稿（七二頁）において、この箇所の左欄外余白に、注として挿入するために以下が追記されたが、そののち削除されている。「カエサルは、ゲルマンの森について語るなかで、そこに生息していた数種類の動物に言及していますが、そうした動物はいまでは完全に絶滅しています（『ガリア戦記』第六巻〔高橋宏幸訳、岩波書店、二〇一五年、二〇〇―〇一頁〕）。この事例や、そのほかのいくつかの事例は、ここで示した命題の例外でしょう。ストラボン（第四巻〔『ギリシア・ローマ世界地誌』飯尾都人訳、竜渓書舎、一九九四年、三六一頁〕）は、ポリュビオス（『歴史』第三四巻、『歴史　四』城江良和訳、京都大学学術出版会、二〇一三年、三三六頁〕から、チロル近辺に住むある動物の説明を引用していますが、その動物はいまは見られません。もし、ポリュビオスが欺されていたのではないとすれば(可能性はあります)、その動物は当時においてとても稀少だったはずです。というのも、ストラボンが引用するのはたったひとつの典拠だけで、疑って語っているからです。」

第一二章

(1)　この段落以降のフィロの態度の変化については、第三章(三・一〇)におけるフィロの「困惑」(自然宗教は、本能や良識や感覚に支持されているという「不規則的な」論証に直面したフィロの困惑)と併せて、さまざまな解釈が示されてきた。フィロの態度の変化に関しては、晩年のヒュームが、本作品の出版を説得するため、出版者ウィリアム・ストラハン(一七一五—八五、当時は庶民院議員)に宛てた書簡に以下の記述がある。「わたしは、この作品を『自然宗教をめぐる対話』と呼んでいます。友人のなかには、これは、わたしがこれまで書いたなかで最高の作品であるとお世辞を言う人もいます。わたしは、これまでその出版を控えてきましたが、最近では、静かに暮らしたい、一切の喧噪から離れていたいと望んでいたからでした。というのも、この作品は、これまでにわたしが出版してきたもの以上に突飛なわけではないのですが、しかし、ご存じのように、これまでの作品のいくつかはとても突飛であるとみなされたので、おそらくは賢明にもこの作品の出版を控えるべきであったのです。この作品に、わたしは、一人の懐疑主義者を登場させていますが、彼は、実のところ論駁されてしまい、最後には論証を諦めて、そればかりか、屁理屈ばかり言ってふざけていただけと告白するのです。ただし、黙ってしまう前に、彼はいくつかのトピックを語っており、これが怒りを買って、普通の道から大きく外れているばかりか、非常に大胆でやりたい放題であるとみなされることでしょう」(*Letters*, v. 2, p. 323)。

（2） Galen, *De foetuum formatione.* ヒュームの典拠資料は不明。René Chartier, *Operum Hippocratis Coi, et Galeni Pergameni*, Paris, 1638-89 であろうか。

（3） 草稿において追加された段落。第一二章末の八七―八八頁にBBとして追記されて、ここに挿入するよう指示されている。ケンプ・スミス(p. 217)やプライス(p. 250)のみならず、スチュアートも筆跡の弱さと筆記法の変化を根拠にして、この段落だけは一七七六年の追記と推定している(Stewart, 'The Dating of Hume's Manuscripts,' p. 303)。

（4） 草稿において追加された段落。第一二章末(八七頁)に「(a) AA a Note」として追記されて、ここに挿入するように指示されている。この段落を原注とみなすか、本文の一部とみなすかについては解釈の対立がある。プライス(pp. 250-51)は、a Note の筆跡などを根拠に、本文の一部と解している。ハリスの伝記もこの解釈を支持する(James A. Harris, *Hume: An Intellectual Biography*, Cambridge University Press, 2015, p. 570)。スチュアートは、プライスの推定を論駁している(Stewart, 'The Dating of Hume's Manuscripts,' pp. 313-14)。

（5） ヒュームの書簡には、対照的な記述がある。「わたしがこれまでに知った最悪の理屈っぽい懐疑主義者は、最善の迷信的な信者・頑迷者より、はるかにすばらしい人でした」(*Letters*, v. 1, p. 154)。

（6） 草稿(八〇頁)において、このあとに存在した以下の文章が、削除されている。「なるほど、もし、わたしたちがこの点をただ抽象的な観点のみから検討して、さまざまな動機の重要性だけを比較して、そのうえさらに人間が自然にもつ自己愛についてよく考えてみるならば、わたしたちは、〔来世の賞罰をめぐる〕宗教的考慮のもたらす大きな影響を探し求めることでしょうし、そればかりか、宗教的考慮の働きは絶対的に抗いえず、必ず生じると実のところみなすはずです。

というのも、ほんのわずかなあいだだけでも、宗教的考慮にきちんと対抗できるそのほかの動機などあるものでしょうか。ところが、実際にはそうはならないと判明するのです。それゆえ、わたしたちはこう確信できるでしょう。すなわち、人間本性には、ここでわたしたちが見落としている、なんらかのほかの原理があって、それが、少なくともそうした〔宗教的〕動機の力を弱めているのです。その原理とは、〔目の前にあるものに対して抱く執着と、かくも遠く不確実な対象に対して示すごくわずかな関心です〕」。上記削除に併せて、こののちの部分との接続のために、行間に「どうか考えてみてください」と追記されている。

(7)　草稿（八一頁）において、こののち、以下の一文が取り消し線で削除されている。「そして、ある人びとに関してはこの法則の例外が存在するのですが、それはごくわずかです。」

(8)　コールマン(p. 97)が指摘するように、ヒュームの備忘ノートには同様の指摘がある。E. C. Mossner, 'Hume's Early Memoranda: The Complete Text,' *Journal of the History of Ideas* 9, 1948, p. 503.

(9)　この点について『宗教の自然史』一四章。

(10)　草稿において、以下が、この箇所（八二頁）の左欄外に追記されたが、のちに削除されている。「統治、理性、学術、友情、愛、そのほか人間が手にしている利点のすべてには、わたしたちが日々目にしているように、不都合が付随しています。それでは〔これと反対に〕、さまざまなかたちの迷信には、一体なにを期待できるでしょうか。迷信は、わたしたちの本性のなかにある、もっとも不合理なもの、もっとも腐敗したもの、もっとも野蛮なもののすべてから成る特質です。人生において見出されるように、どこでも善と悪は混ざりあっているのですが、もしも一つだけ例外があるとすれば、その例外は〔迷信にほかならず〕、徹底的・全面的に悪であると言えるでしょう。」

(11) 草稿において当初は、この段落(三一段落)が、最終段落(現在の三四段落)の直前に位置しており、これらの段落が記載されていた八四頁が、当初の草稿の最終頁であったと推定できる。スチュアートは、草稿の五—八四頁が、同じ透かしをもつ同一の用紙(ヒュームが一七五〇年代半頃に使用していた用紙)であることを主たる根拠に、これらの頁に記載された本論部分の執筆を一七五〇年代と推定し、さらに、八四頁までの用紙に追記してなされた修正と、八五頁以降の用紙を追加してなされた修正の、二段階の修正がなされたと推定している。追加された最後の二枚のリーフ(八五—八八頁)の記述については、従来は、晩年の一七七六年の加筆修正とみなす推定が一般的だったが(ケンプ・スミス p. 94、プライス pp. 260-61)、スチュアートは、用紙(ヒュームが一七五七年に使用していた用紙)とスペリングを根拠に、一七五七年頃の追記と推定している。Stewart, 'The Dating of Hume's Manuscripts,' pp. 298-303.

(12) この段落は、キケロ『神々の本性について』の結論部分と比較されるべきである。「これらのことを語り終えて、わたしたちは帰路についた。ウェッレイウス〔エピクロス派〕はコッタ〔懐疑主義者〕の議論が真実に近いと感じていたし、わたしにはバルブス〔ストア派〕のそれが真実の姿のかなり近くにあるように思われた」(キケロ『神々の本性について』、『キケロー選集　一一』二七〇頁)。

解説

『自然宗教をめぐる対話』は、デイヴィッド・ヒューム(一七一一―七六)が、生前には出版できなかった作品である。初版は、一七七九年に公刊された。

ヒュームは、無神論者・不信心者であるという風評によって、二度にわたって大学への就職の機会を棒に振っている。聖職者からの激しい個人攻撃も経験した。一八世紀のヨーロッパは啓蒙(文明)の時代と呼ばれているが、異端的とみなした人物や思想にはけっして寛容でなく、社会的制裁は苛烈であった。この作品の草稿は、友人や出版者の反対ゆえに、さらには、静かな生活を望んだ自らの意向ゆえに、ながらく印刷されないまま放置されていた。

ところが、死の訪れを意識したヒュームは、死後すぐにこの作品が間違いなく公刊されるよう、さまざまな策を講じた。ヒュームのこの強い意志が、アダム・スミスを困惑させたエピソードは有名である。ヒュームはこの作品について、「友人のなかには、これは、わたしがこれまで書いたなかで最高の作品であるとお世辞を言う人もいます」と語り、この宗教論を世に送りだすことに、執着や固執という言葉を使うべきほどに強いこだわりを見せた。

作品の重要性に比して、この『自然宗教をめぐる対話』は、研究者や読書人にこれまで冷遇されてきた。とくに日本でその傾向は顕著で、宗教という個別的テーマをめぐる、マイナーな論説という扱いを受けてきた、とすら言えるかもしれない。海外には多くある注釈書は、日本語圏には一冊もない。

しかし、本人の執着や固執が示唆しているように、『自然宗教をめぐる対話』は、実際には、ヒュームの作品群のなかで、もっとも重要な作品のひとつである。この作品は、認識論、道徳論、政治論など、さまざまな分野に及ぶヒュームの思想的営為を束ねる結節点に位置するからである。ここには、ヒュームの思想のエッセンスが集約的に表現されているばかりか、彼の思想の実践的目的もはっきり示されている。対話形式で、ほかの作品より格段に読みやすいこともふまえれば、この作品は、ヒュームの思想に親しむために、最初に読むべき入門書としても相応しい。

作品の前提

宗教（神の存在と本性についての信念）に、合理的な基礎があるかどうか。これが、この作品の中心テーマである。知性と善性をそなえた創造者の存在を、説得的に論証できるか、という問いである。現代において、あるいは非キリスト教圏において、馴染みの薄いはずのこうしたテーマの作品を理解するためには、いくつかの歴史的・理論的前提をふまえておくことが望ましい。

まずは、語彙や概念である。「自然宗教」は、啓示宗教と対になる概念である。それは、啓示（聖書やコーランのように特定のかたちで示された神的真理）に依らず、だれにでもアクセスできる証拠と推論にもとづいた宗教の体系を意味する。つまり、自然宗教は、啓示という特別な情報なしに、経験や推論によって神の存在や本性を示す。（ヒュームは「自然宗教」と「自然神学」を区別せずに用いているが、彼が「自然宗教」という言葉で語っているものは、現代では「自然神学」と呼ぶほうが一般的である。）

この「自然宗教」は、誤解されやすいので、注意が必要である。第一に、自然崇拝や汎神論とはまったく別ものである。第二に、少なくともヒュームの作品を読む場合には、「理神論」との区別が重要である。理神論は、一般に、神の世界創造は認めるが啓示や摂理は認めない立場であり、啓示に依拠しない点では、自然宗教と共通する。しかし、理神論が、啓示宗教を否定して自然宗教しか認めないのに対して、ヒュームが論じる「自然宗教」は、かならずしも啓示宗教を否定せず、啓示宗教とも両立可能である。ヒユームの時代には、啓示宗教たるキリスト教信仰をまもる護教的立場から、自然宗教を援用・活用する論者は珍しくなかった。だからこそ、自然宗教批判として読解できる『自然宗教をめぐる対話』は、キリスト教信仰に対する批判として読まれて非難される可能性があり(『人間本性論』は実際にそうだった)、出版者や友人たちはこの点を危惧したのである。

ヒュームはこの作品において、自然宗教を二種類に区別している。ア・プリオリな論証によるものと、ア・ポステリオリな論証によるものの二つである(ア・プリオリは「前のものから」、ア・ポステリオリは「後ろのものから」が原義である)。のちのカント『純粋理性批判』における神の存在証明の分類とは異なって、ヒュームは、ア・ポステリオリなものだけでなく、ア・プリオリなものも含めて自然宗教・自然神学を論じている。

ア・プリオリな論証は、直観的に得られる前提から演繹して、神の存在や本性を論理的に証明する。カントの分類では、存在論的(オントロジカル)な論証(完全性のうちには存在することが含まれるはずであるという論証)と、宇宙論的(コスモロジカル)な論証(偶然的なものが存在するに至ったのは、それ自体は原因をもたない必然的原因に由来するはずであるという論証)が、これに相当する。『自然宗教をめぐる対話』でヒュームが吟味するのは、カントの分類を援用するならば、このうちの、宇宙論的な論証である。

ア・ポステリオリな論証は、経験にもとづいて帰納的に、神の存在や本性を推論する。自然や宇宙の秩序から、その設計者・計画者（デザイナー）の存在を導いたり、普遍的に存在している信念や同意から神の存在を導いたりするのが、このタイプの自然宗教である。ヒュームがこの作品でもっぱら吟味するのは、自然や宇宙の秩序からその原因として神を導く論証であり、これは、現在では、「デザイン論証」や「計画（デザイン）からの論証」と呼ばれることもある。（「インテリジェント・デザイン（ＩＤ）」と呼ばれる現代の主張も、この系譜に位置づけられる。）

ヒュームは、この二種類の論証による自然宗教を検討するにあたって、同時代の論者の議論を下敷きにしている（訳注参照）。ア・プリオリな論証については、サミュエル・クラークの『神の存在と属性の論理的証明』、ア・ポステリオリな論証については、数学者コリン・マクローリンや物理学者ジョージ・チェイニーの議論が、それぞれの主要な典拠である。

重要なのは、ヒュームが典拠としていたこの三名が、いずれもアイザック・ニュートン（一六四二―一七二七）にごく近く、ニュートン主義の立場から神の存在や本性を論じた人物であったことである。科学による自然界の解明が大きく進展した一八世紀には、そうした新しい科学的知見を活用して、キリスト教信仰をまもり、異端や無神論を退けようとする動向が存在した(クラークの著作の副題は、「とくにホッブズ、スピノザ、その追従者への応答において」であった)。ヒュームの『自然宗教をめぐる対話』が検討の俎上に載せているのは、同時代のこうした新しいタイプの自然宗教・自然神学である。

対話篇という形式

『自然宗教をめぐる対話』を理解する前提としてもうひとつ注目しておくべきは、対話篇という作品の形式である。ヒュームは、『人間知性研究』や『道徳原理研究』でも、部分的に対話形式を採用したが、この形式を全面的に採用したのは、この作品のみである。プロローグには、「神の本性」というテーマを検討するには、古代で盛んだった対話篇という形式が適しているとの指摘がある。実際のところ、『自然宗教をめぐる対話』は、キケロの対話篇『神々の本性について』と類似する部分が多く、ヒュームは、キケロのこの対話篇のバージョンアップを意図していたとの解釈もある。

『自然宗教をめぐる対話』には五名が登場する。いずれも架空の人物である。実際に対話するのはデメア、クレアンテス、フィロの三名であり、彼らの対話を聞き役のパンフィルスがヘルミップスに報告する、という体裁を採っている。デメアはア・プリオリな自然宗教、クレアンテスはア・ポステリオリな自然宗教をそれぞれ支持し、フィロは懐疑主義の立場である。プロローグには、デメアは「確固としてぶれない正統派」、クレアンテスは「几帳面な哲学的気質」、フィロは「勇み足の懐疑主義」という紹介がある(第六段落)。

このうちクレアンテスとフィロについては、それぞれ、アッソスのクレアンテス(前三三一頃―二三二頃、ゼノンから学統を継承したストア派の学頭)、ラリッサのフィロン(前一六〇頃―八〇頃、アカデメイア派の学頭。キケロの先生であった)にちなんだ命名で、キケロを想起させる意図があったとの解釈が有力である。デメアについては、ギリシア語のデーモス(一般の人びと)に由来するという見解がある。

ヒュームが、この作品でなぜ対話篇の形式を採用したかという問いには、これまで、さまざまな解釈が提示されてきた。自身の見解を特定させず、迫害を避けるためであったというほかにも、宗教が多様な意見を許すテーマであることを示すため、さまざまな異端的見解への寛容を訴えるため、理想的な知的対話空間を描くため、などの解釈が示されている。

また、対話者のうちのだれがヒュームの見解を示しているかという問いについては、フィロ説(ケンプ・スミスやガスキン)のほか、パンフィルス説や、だれかひとりがヒュームを代弁しているかのような問いの立て方は不適切であるとの見解もある。

たしかに、フィロとヒュームの見解が一致する箇所は多い。しかも一読すればすぐ分かるように、そもそもフィロが語る分量は、ほかを圧倒している。クレアンテスの語りが全体の二二%であるのに対して、フィロは六一%を占めており、草稿での加筆・修正に至ってはその八七%がフィロの語りである(M. A. Stewart, 'The Dating of Hume's Manuscripts,' pp. 303-04)。しかし、他方では、デメアやクレアンテスがヒューム自身の見解を語っている部分もあれば、フィロが、ヒュームとは異質な見解を語っている部分もあり、単純に、フィロをヒュームの厳密な代弁者とみなすことは難しい。つまり、ヒュームの手持ちのカードは、フィロだけでなくクレアンテスにもデメアにも配られており、むしろ、カードを使うとこのようにも、あのようにも論じられるという、展示会のような様相を呈している。

「お送りしたサンプルによって、わたしが、クレアンテスを『対話』の主人公にしたことにお気づきでしょう。彼の側の論証を強化するために、あなたが考えつくことは、なんだって大歓迎です。わたしにはそなわっているとあなたがお考えの、反対〔フィロ〕の側へと向かう傾向のすべてが、意志に反してわたしのもとに忍びこんできたのです。そういえば、二十歳になる前に書いた備忘ノートを燃やしたのは、そんなに昔のことではありません。そのノートには、このテーマをめぐる私の思想の少しずつの歩みが、幾ページにもわたって書かれていました。〔神をめぐる〕一般的な見解を確証できる論証を熱心に探究するところから始まりましたが、疑念が忍びこんできて、消え去り、よみがえっては、改めて消え去り、そして改めてよみがえるという具合でした。わたしの意向、あるいはおそらくは理性に対して、落ち着きのない想像力がずっと争っていたのです」という書簡の記述(一七五一年三月一〇日)も、解釈のひとつの争点である。また、この問題は、ヒュームは宗教思想においては、懐疑主義か自然主義か(宗教を「自然的信念」の一つとみなしたか)、あるいは無神論や理神論であったか、という問いとしても議論されてきた。宗教をめぐるヒュームのテキストにはそのほかにも、推論部分と、結果として提示される結論がしばしば齟齬する(当然に導かれるはずの結論が示されない)という問題もあり、読者を戸惑わせるものであることは疑いない。いずれにせよ、『自然宗教をめぐる対話』は、なにが著者の見解か、さまざまな見解のうちどれが妥当か、をめぐって読者を思索へと誘っている。

執筆と公刊

この作品は、いつ執筆されたか。この問いについては、残された書簡、テキストの内容や語彙・語法・スペリング、草稿の筆跡や用紙(その透かし(ウォーターマーク))などをもとに、分析が蓄積されてきた。

一七五〇年代に執筆され、六〇年代初めまでに訂正作業が行われ、死の直前の一七七六年に(とくに最終章について)大規模な加筆・修正がなされた、というのがかつての通説であった。しかし現在では、基本的に一七五〇年代の作品として位置づけて、そのうえで、六〇年代初頭の修正でほぼ現在のかたちとなり、晩年の修正はごくわずかであったとする推定が有力である。一七五〇年代の作品ということは、つまり『宗教の自然史』や『道徳原理研究』、あるいは、もうすこし時間幅を広げれば、『人間知性研究』や『イングランド史』とほぼ同時期に執筆された作品ということである。死の直前、ヒュームがアダム・スミスに宛てた書簡には、この作品について、「この一五年はなにも修正していませんが、原稿の修正においてわたしは、これ以上に注意深く、これ以上に上手に書くことはできないことが分かりました」との記述がある(一七七六年八月一五日)。

ヒュームは当初は、そのスミスに死後は自分のすべての原稿を委ね、『自然宗教をめぐる対話』については彼に出版してもらい、そのほかの原稿の扱いは一任する、という遺言を用意していた。ところが、スミスがこの作品の出版にすこぶる消極的であったため、出版は、旧知の編集者ウィリアム・ストラハンに委ねられることとなった。ヒュームは、死後二年以内に出版するよう指示し(未公刊の二論文「自殺について」、「霊魂の不滅について」との抱き合わせ出版も認めた）、もし、死後二年半のうちに出版されなかった場合には、草稿の所有権は、同名の甥のデイヴィッド・ヒューム（兄ジョンの子）に戻り、この甥が出版の義務を負うとした。ヒュームの遺志を実行に移したのは、結局は甥である。『自然宗教をめぐる対話』は単独で公刊され、一七七九年に二つの版が登場した。

『自然宗教をめぐる対話』は、『イングランド史』の一部の巻とともに、ヒュームの作品のなかでは例外的に、草稿が現存する作品である。『自然宗教をめぐる対話』の草稿は、四二枚のリーフの表裏両面に執筆され、八八頁に及んでいる（八四頁でなく八八頁なのは、四頁分の意図的な欠番があるため）。本作品の訳出にあたって、草稿については、草稿を所蔵するスコットランド国立図書館が作成したマイクロフィルム（訳者所有）を用いて確認する手法を採った。

作品の構造

対話篇が、会話と応答の妙を楽しむものであるならば、あるいは、対話篇にはストーリーテラーとしての書き手の才能が発揮されるのであれば、内容の要約は、すべてを台無しにしかねない。しかし、便宜のために、ごく簡単に整理しておくことは許されるであろう。

一二の章（パート）のうち、ア・プリオリな神の論証が吟味されるのは第九章だけに限られており、そのほかのほとんどの章は、ア・ポステリオリな論証を扱っている。したがって、本作品のほとんどの場面では、ア・ポステリオリな論証を支持するクレアンテスを、デメアとフィロが一緒に批判するかたちで対話が進んでいく。つまり、敬虔な正統派と、懐疑主義者は、ほとんどの場面で連帯している。二人は、人間の認識能力には限界があり、神は不可知であること、したがって、人間と神の共通性を説く立場（「神人同形論」）は不適切であることについて、意見を同じくしている。

ここにも明らかなように、ヒュームは、神や宗教を扱うこの作品でも、因果や道徳を扱う場合と同じように、人間の知的・精神的能力や知的・精神的活動のメカニズムの側から問題にアプローチしている。この作品でも、人間はなにをどこまで認識できるのか、どのようなものが妥当な認識なのかという一貫した観点が、全体の議論を支えている。

それゆえ、自然宗教を検討するに先立ってまず第一章において、人間の認識能力を疑う「哲学的懐疑主義」の是非をテーマにして実質的な対話が始まるのは、なんら不思議でない。懐疑主義を貫徹すれば日常生活すら送れない、と批判するクレアンテスに対して、フィロは、日常生活やそこでの人間の知的営みと連続する、穏健な懐疑主義の立場を擁護する。

知性をそなえた神が世界を創造した、あるいは善なる神が世界を創造したという信念を抱くことは可能か。第二章から第八章は、わたしたちが知っている宇宙や自然から、経験にもとづいた因果推論によって、それを創造した神の知性(自然的属性)を導くことができるか、第一〇・一一章は、同じ方法で、神の善性(道徳的属性)を導くことができるかを扱う。

クレアンテスのア・ポステリオリな論証は、第二章でさっそくに導入される。コペルニクス、ガリレイ、ニュートンなどの成果をふまえて宇宙を機械として捉えたうえで、人間のつくった機械とのアナロジーにもとづいて、宇宙を生みだした原因を神に求める、というのが基本的な推論の流れである。宇宙という秩序ある精巧な機械をつくったのは、意図をもってこれを計画した精神的主体である、というのである。そしてこの「経験的一神論」を、第二章から第八章にかけてフィロがさまざまに批判していくことになる。主な批判点は以下の通りである。

まず第一に、議論の大前提として、神のつくる作品と人のつくる作品のアナロジーがそもそも成り立つのか、二つは本当に似ているかが問われる。類似性が弱まれば、推論の蓋然性は低下する。

第二に、経験的な因果推論の方法を採用するアプローチを受け入れたうえで、結果から原因を導く因果推論が適切に行われているかが問われる。結果に対応する原因しか導けないはずであり、わたしたちの知る現象から、無限性・完全性という神の属性は導けないのではないか。

第三に、同じように因果推論の妥当性が吟味されて、別の推論、つまりこの宇宙は別の原因から生まれたという推論も可能であることが示される。クレアンテスの前提と方法に従うと、異端的・異教的な帰結すら導きうるというのである。この宇宙を神がつくったにせよ、複数の神が協働してつくったのかもしれないし、この宇宙は、神の習作・失敗作だったのかもしれない。その神は肉体をもつ神だったかもしれない。宇宙が神のつくった機械でなく、神という精神の身体である可能性も排除されない。さらに、なにものかを生みだす原因は精神だけに限られないので、宇宙は、神の生殖の産物かもしれないし、宇宙そのものが、繁殖によって生まれる有機体かもしれない。あるいは、エピクロス派の説くように、いまの宇宙は、物質の運動から偶然に形成された可能性も棄却されない。

第四に、因果推論が不徹底ではないか、という指摘もある。物質の原因を精神に求めるならば、その精神の原因はなぜ問わないのか(すると、無限後退してしまうのではないか)。しかし、第五には、そもそも因果推論が成り立ちうるのかも問われる。宇宙の成立が一回きりの現象であれば、因果推論に必要な条件（恒常的連接）を欠くからである。明らかなように、こうしたフィロの批判は、因果と因果推論をめぐる『人間本性論』や『人間知性研究』の議論に依拠している。

このようにア・ポステリオリな論証の難点が示されると、第九章では、デメアが、ア・プリオリな論証（神の存在の論理的証明）を導入するに至り、今度はクレアンテスがこれを批判する。この場面でのクレアンテスの批判も、同じように、ヒューム自身の議論に依拠している。中心となる論点は、いわゆる「ヒュームのフォーク」である。神の存在という事実問題は、ア・プリオリな論証で扱うことはできず、経験や観察によって推論するほかないというのである。

第一〇・一一章は、クレアンテスのア・ポステリオリな論証に立ち返り、今度は、経験的推論によって、神の道徳的完全性が導けるかが語られる。なぜ、全知全能の善なる神がつくったはずの世界に、悪が存在するのか、という伝統的テーマ（弁神論、「悪の問題」）である。悪に満ちたこの世界から、その原因として、慈しみあふれる神を導けるか。神が、悪を防ぐ能力も意志ももつならば、なぜこの世に悪があるのか。第一〇章末でフィロは、「悪の問題」に満足な説明を与えられないことをもって、経験から因果推論で神を導こうとするクレアンテスの論証方法の破綻を宣告して、勝利を宣言する。

これは、第八章末に続く二度目のフィロの勝利宣言であるが、しかし、研究者たちがこれまでそれ以上に注目してきたのは、むしろ反対に、「困惑して混乱している」フィロの姿であった(第三章一〇段落)。フィロは、宗教の合理的基礎を示そうとする議論を次々に論破していくが、しかし、非合理的基礎についてはどうか。フィロを動揺させたのは、自然宗教は、「感覚のような力」で直観的に、当たり前のように受容・是認されると論じたクレアンテスの「不規則的(イレギュラー)な論証」であった。ここに、ヒュームの宗教論や、彼自身の信仰を解く鍵があるのではないかという解釈もある。

第一一章に至って、フィロの真意と偽りの連帯にようやくに気づいたデメアは、気分を害して一人帰ってしまうが、ところが、クレアンテスとフィロの二人だけの対話となった終章は、一転して驚くべきことに、本当は自然宗教を信じている、というフィロの信仰告白から始まる。フィロは、一神論と無神論の対立は、実は「言葉の争い」にすぎず、つまり実質的には似た信仰心を抱いている(それゆえ、敵対心を鎮める必要がある)と主張する。

そののちにフィロが新たに批判の矛先を向けるのは、「通俗的な迷信」である。この章で彼は、宗教が社会に及ぼす影響に注目して議論を組み立てている。迷信は、社会に「党派争い、内戦、迫害、政府の転覆、圧政、隷属」といった害悪をもたらしてきた。

フィロのこうした指摘は、ヒュームの『イングランド史』や『道徳政治文芸論集』の読者には、お馴染みのものである。政治家(政治権力)は、聖職者(教会権力)をコントロールすべきである、宗派対立は慎重に対応すべき重大な政策課題である、という政治論についてもまったく同様である。

第一二章における迷信批判には、ヒュームの道徳論のエッセンスも含まれている。ここで具体的に迷信として言及されているのは、来世の賞罰の教義である。クレアンテスは、悪しき人は来世で永遠の苦しみを蒙るというこの教義が、この世の道徳と秩序を支えていると主張する。フィロの反論は二点に及ぶ。第一に、この世の人間社会の道徳は、宗教的動機とは独立に、人間の本性にもとづいて成立している。第二に、それにもかかわらず人間社会の道徳に宗教が介入すると、むしろ道徳が歪められて悪徳が生まれる。これは、『人間本性論』第三巻や『道徳原理研究』に含意されて、未公刊論文「霊魂の不滅について」で明示された、ヒュームの道徳論の中心命題である。

人間の理性が明らかにできることは限られているので啓示が必要となること、独断を退ける懐疑主義は、むしろ健全なキリスト者の第一の要件であること——フィロがこう語って会話が終わると、最後に語り手のパンフィルスが、キケロ『神々の本性について』の最後と同じように、三人の主張をジャッジする。デメアよりもフィロ、フィロよりもクレアンテスがもっともらしい、というのが最終判定であった。

本作品の意義

ヒュームは、この作品の出版を説得するためストラハンに宛てた書簡において、「真面目にはっきりとお伝えしますが、〔出版者である〕ミラー氏とあなたとカデル氏が、『人間知性研究』を出版したのは自分たちであると公に認めたあとですから、あなたが、この対話〔の出版〕にわずかでも躊躇する理由は、わたしには思いつきません」と記している（一七七六年六月八日）。

この書簡が伝えるように、『自然宗教をめぐる対話』のエッセンスは、『人間知性研究』にすでに示されていたと考えることができる。たしかに、『人間知性研究』の第一一章は、ア・ポステリオリな神の論証は、因果推論として欠陥があることをはっきりと論じていた。そこには、来世の教義を否定しても社会秩序は保たれる、という主張もある。対話形式で書かれたこの章の初出時のタイトルは、「自然宗教の実践的帰結について」であった。

それればかりか、もう一方のア・プリオリな論証に対する批判も、すでに示唆したように、『人間本性論』第一巻や『人間知性研究』のなかに含意されていた。ア・ポステリオリな自然宗教に対するヒュームの批判が、因果推論を不適切に用いているという批判であったとするならば、ア・プリオリな自然宗教に対する批判は、因果推論を用いておらず推論方法が誤っているという批判である。存在や因果は、事実に関わる問題であって経験にもとづいて推論するほかなく、論理的証明は不可能であるというのである。『エディンバラの友人に宛てた書簡』が伝えるように、匿名出版された『人間本性論』は、実際、ア・プリオリな神の論証に対する批判として読まれて非難された。

こうしてみると、ヒュームの哲学的プロジェクト、とくにその中核をなす因果論は、自然宗教やそれを支える形而上学に対する体系的批判であったと捉えることができる。たしかに、『宗教の自然史』の序文、あるいは、『自然宗教をめぐる対話』のプロローグや第一二章のフィロのように、ヒュームは、自然宗教を当然の真理として論じる場合がある。しかし、彼の因果論の理路をたどってみると、それは、自然宗教のア・プリオリな論証、ア・ポステリオリな論証のいずれをも体系的に批判する帰結をもたらしている。

加えて、ヒュームの因果論は、自然宗教だけでなく啓示宗教もターゲットにしている。たとえば、『人間知性研究』第一〇章は、因果論の応用問題のひとつとして、奇跡や預言を吟味する。奇跡(啓示)が本当に生じた蓋然性よりも、その記録が不正確であった蓋然性のほうが高い、というのがヒュームの判定である。つまり、ヒュームは、因果推論に注目して、人間の知的・精神的能力を吟味する手法を通じて、さまざまな神学的論証の不備を指摘した。本作品は、ヒュームの因果論のこうした実践的目的・帰結を、どの作品よりもはっきりと示す作品である。

ヒュームの哲学的プロジェクトの、もうひとつの中核をなす道徳論についても、同様の指摘が可能である。それが、神学と道徳の分離を意図したという意味において神学批判であり、同じように『自然宗教をめぐる対話』のなかにも組み込まれている点は、すでに前節で確認したとおりである。因果論・道徳論を中核とするヒュームのこうした宗教批判のプロジェクトは、思想史的には、三世紀にわたってヨーロッパ社会を文字通り混乱に陥れていた宗派対立や宗教的迫害という実践的・理論的課題に対する、ひとつの応答として位置づけることができる（それゆえ、一八世紀の啓蒙を、宗派対立の克服という観点から定義づける近年の解釈動向において、ヒュームは、啓蒙の中心思想家とみなされるようになっている）。

こうした中核部分だけにとどまらず、この作品は、ヒュームの思想や言説の、そのほかのさまざまな特徴も反映している。古代ギリシア・ローマ以来の知の蓄積をふまえて、縦横にそれらを批判的に活用すること。近代世界の思想家のなかでは、とくに、ピエール・ベイルやニコラ・マルブランシュから大きな影響を受けていたこと（言い換えれば、

T・H・グリーン以来の「イギリス経験論」という思想史の系譜付けには問題点が多いこと)。ニュートンやニュートン主義に対しては両義的な態度であったこと——たとえばこうした点は、この作品からもうかがえる。とりわけ最後の点は、この作品になにより明瞭である。ニュートン主義を援用してバージョンアップした同時代の自然神学こそが、この作品でヒュームが直接に批判した対象であった。『人間本性論』の副題をもちだして、ヒュームを、ニュートンの方法を人間の学に応用した思想家として捉えるだけでは、あまりに一面的・表層的である。

ヒュームが出版に強くこだわったこの『自然宗教をめぐる対話』は、このように、ヒュームの理論的成果のエッセンスを集約しているばかりか、その実践的意図もはっきりと伝えるテキストであり、ヒュームの思想世界をわかりやすく伝えてくれる。

もとより、ヒュームを知るというだけに限らず、そのほかにもさまざまな読み方、楽しみ方が可能である。宗教思想史、政治思想史に限定する必要はない。社会的圧力や制裁のなか、それに屈せずに自説を貫いたことに注目して、マイノリティの迫害やコンフォーミズム(同調圧力)、あるいは、知識人と社会の関係を考える素材にもできる。ああ言えば、こう言い返す、という粘り強い対話と思索の応酬そのものを楽しむこともできる(推敲して読み返す途中で、三人のやりとりに、思わず笑いだしてしまうこともしばしばであった)。作品から学びうることも、いまだ多いように思われる。推論や論理展開が妥当かどうかにあくまでこだわり、根拠なき憶測や独断というフェイクを徹底的に退けていくヒュームの方法は、その筆頭候補である(しかも、ヒュームのツールは、現代にもお馴染みの因果推論である)。あるいは、かつては、超越的なもの(超越神)を欠くことが、日本の政治思想の弱点として論じられたこともあったが、超越的なものを欠くなかで人はいかに共存するか、はヒュームのアジェンダである。

ある時期には、ヒュームのある一面を切り取って、彼を保守主義者とみなす解釈も流行した。しかし、のちの時代のだれかがつくりあげたラベル(たとえば保守主義やイギリス経験論)を思想家に貼って分かったつもりになることが、いかに、思想の理解を妨げているか——この点は、本人の迫力ある思索に直接に触れるならば、自ずと明らかになるはずである。人間の能力のあやふやさを冷静に観察・批判するだけではなく、同時に、そうした懐疑の視点そのものも冷徹に問い直すヒュームの視座は、知の社会的役割が厳しく問い直される時代にあって、いまだ古びていない。

ヒュームの日本語版は、原文と同じように、もっとリーダブルでありうる(読みやすくできる)と思う。本書では、原文の雰囲気をできるだけ再現することをめざして、学術的な正確さと、読みやすさのバランスを心がけたが、どれほど目標が達成できたか心許ない。本書の完成原稿は、あらかじめ壽里竜さんに一読していただいた。書店側の担当は、小田野耕明さんである。多くのコメントを頂戴したお二人に記して感謝したい。

犬塚　元

文献案内——ヒュームの作品の主な日本語訳

一　『人間本性論』

木曾好能訳『人間本性論　一　知性について』法政大学出版局、一九九五年

石川徹、中釜浩一、伊勢俊彦訳『人間本性論　二　情念について』法政大学出版局、二〇一一年

伊勢俊彦、石川徹、中釜浩一訳『人間本性論　三　道徳について』法政大学出版局、二〇一二年

神野慧一郎、林誓雄訳『道徳について　人間本性論　三』京都大学学術出版会、二〇一九年

そのほか、大槻春彦訳『人性論』全四巻、岩波文庫、一九四八—五二年がある。

二　『著作集』

ヒュームは、それまでさまざまな書名で刊行してきた作品を、一七五三年以後は、『著作集 *Essays and Treatises on Several Subjects*』としてまとめて公刊している。ただし、この『著作集』には、一七三九—四〇年に匿名出版された『人間本性論』と、一七五四年以降に順次公刊されて単独タイトルで出版され続けた『イングランド史』は収録されなかった。

（一）『道徳政治文芸論集』

田中敏弘訳『道徳・政治・文学論集』名古屋大学出版会、二〇一一年

同書は、ヒュームが改訂にあたって削除した論文八点、および未公刊の二点の論文「自殺について」と「霊魂の不滅について」も収録する。そのほか、抄訳として小松茂夫訳『市民の国について』全二巻、岩波文庫、一九八二年、また第二部の原型である『政治論集』の翻訳として田中秀夫訳『政治論集』京都大学学術出版会、二〇一〇年がある。

（二）『人間知性研究』

神野慧一郎、中才敏郎訳『人間知性研究』京都大学学術出版会、二〇一八年

斎藤繁雄、一ノ瀬正樹訳『人間知性研究』法政大学出版局、二〇〇四年

斎藤・一ノ瀬訳は、『人間本性論摘要』も収録する。

（三）『情念論』

渡部峻明訳『人間知性の研究　情念論』哲書房、一九九〇年

同書は、『人間知性研究』も収録する。

（四）『道徳原理研究』

渡部峻明訳『道徳原理の研究』哲書房、一九九三年

（五）『宗教の自然史』

福鎌忠恕、斎藤繁雄訳『宗教の自然史』法政大学出版局、一九七二年

三　『イングランド史』

現時点では、以下の部分訳のみが公刊されている。

桂木隆夫訳「ヒューム資料　イングランド史・第六七章「カトリック陰謀」（試訳）」、『成蹊法学』三九号、一九九四年

池田和央、犬塚元、壽里竜訳「ヒューム『イングランド史』抄訳」（一）～（五）、『関西大学経済論集』五四巻二号、二〇〇四年～五七巻二号、二〇〇七年

四　そのほか（生前未公刊の作品）

（一）『自然宗教をめぐる対話』

福鎌忠恕、斎藤繁雄訳『自然宗教に関する対話』法政大学出版局、一九七五年

（二）『五論文集』

『五論文集』のうち、生前未公刊の「自殺について」と「霊魂の不滅について」の二点については、田中訳『道徳・政治・文学論集』のほか、以下にも収録されている。

福鎌忠恕、斎藤繁雄訳『奇蹟論・迷信論・自殺論』法政大学出版局、一九八五年

同書は、『エディンバラの友人に宛てた書簡』や『自伝』も収録する。

（三）草稿

壽里竜訳「近代的名誉と騎士道に関する歴史的論考」、『思想』一〇五二号、二〇一一年

ま 行

や 行

ら 行

た 行

な 行

は 行

さ 行

索　引

（本文・訳注・解説の主な事項・人名等を項目とした）

あ 行

か 行

自然宗教をめぐる対話（しぜんしゅうきょうをめぐるたいわ）　ヒューム著

2020年1月16日　第1刷発行

訳　者　犬塚　元（いぬづか　はじめ）

発行者　岡本　厚

発行所　株式会社　岩波書店
〒101-8002 東京都千代田区一ツ橋 2-5-5

案内 03-5210-4000　営業部 03-5210-4111
文庫編集部 03-5210-4051
https://www.iwanami.co.jp/

印刷・三秀舎　カバー・精興社　製本・中永製本

ISBN 978-4-00-336197-9　　Printed in Japan

読書子に寄す

――岩波文庫発刊に際して――

岩波茂雄

真理は万人によって求められることを自ら欲し、芸術は万人によって愛されることを自ら望む。かつては民を愚昧ならしめるために学芸が最も狭き堂宇に閉鎖されたことがあった。今や知識と美とを特権階級の独占より奪い返すことはつねに進取的なる民衆の切実なる要求である。岩波文庫はこの要求に応じそれに励まされて生まれた。それは生命ある不朽の書を少数者の書斎と研究室とより解放して街頭にくまなく立たしめ民衆に伍せしめるであろう。近時大量生産予約出版の流行を見る。その広告宣伝の狂態はしばらくおくも、後代にのこすと誇称する全集がその編集に万全の用意をなしたるか。千古の典籍の翻訳企図に敬虔の態度を欠かざりしか。さらに分売を許さず読者を繋縛して数十冊を強うるがごとき、はたしてその揚言する学芸解放のゆえんなりや。吾人は天下の名士の声に和してこれを推挙するに躊躇するものである。このときにあたって、岩波書店は自己の責務のいよいよ重大なるを思い、従来の方針の徹底を期するため、すでに十数年以前より志して来た計画を慎重審議この際断然実行することにした。吾人は範をかのレクラム文庫にとり、古今東西にわたって文芸・哲学・社会科学・自然科学等種類のいかんを問わず、いやしくも万人の必読すべき真に古典的価値ある書をきわめて簡易なる形式において逐次刊行し、あらゆる人間に須要なる生活向上の資料、生活批判の原理を提供せんと欲する。この文庫は予約出版の方法を排したるがゆえに、読者は自己の欲する時に自己の欲する書物を各個に自由に選択することができる。携帯に便にして価格の低きを最主とするがゆえに、外観を顧みざるも内容に至っては厳選最も力を尽くし、従来の岩波出版物の特色をますます発揮せしめようとする。この計画たるや世間の一時の投機的なるものと異なり、永遠の事業として吾人は微力を傾倒し、あらゆる犠牲を忍んで今後永久に継続発展せしめ、もって文庫の使命を遺憾なく果たさしめることを期する。芸術を愛し知識を求むる士の自ら進んでこの挙に参加し、希望と忠言とを寄せられることは吾人の熱望するところである。その性質上経済的には最も困難多きこの事業にあえて当たらんとする吾人の志を諒として、その達成のため世の読書子とのうるわしき共同を期待する。

昭和二年七月

《哲学・教育・宗教》〔青〕

ソクラテスの弁明・クリトン	プラトン 久保勉訳
ゴルギアス	プラトン 加来彰俊訳
饗宴	プラトン 久保勉訳
テアイテトス	プラトン 田中美知太郎訳
パイドロス	プラトン 藤沢令夫訳
メノン	プラトン 藤沢令夫訳
国家 全二冊	プラトン 藤沢令夫訳
プロタゴラス ―ソフィストたち	プラトン 藤沢令夫訳
法律 全二冊	プラトン 森進一・池田美恵・加来彰俊訳
パイドン ―魂の不死について	プラトン 岩田靖夫訳
アナバシス ―敵中横断六〇〇〇キロ	クセノポン 松平千秋訳
アリストテレス ニコマコス倫理学 全二冊	高田三郎訳
アリストテレス 形而上学 全二冊	出隆訳
アリストテレス 弁論術	戸塚七郎訳
アリストテレース 詩学 ホラーティウス 詩論	松本仁助・岡道男訳
物の本質について	ルクレーティウス 樋口勝彦訳
エピクロス ―教説と手紙	出隆・岩崎允胤訳
生の短さについて 他二篇	セネカ 大西英文訳
怒りについて 他二篇	セネカ 兼利琢也訳
マルクス・アウレーリウス 自省録	神谷美恵子訳
老年について	キケロー 中務哲郎訳
友情について	キケロー 中務哲郎訳
キケロー書簡集	高橋宏幸編
エラスムス＝トマス・モア往復書簡	沓掛良彦・高田康成訳
方法序説	デカルト 谷川多佳子訳
哲学原理	デカルト 桂寿一訳
情念論	デカルト 谷川多佳子訳
パンセ 全三冊	パスカル 塩川徹也訳
知性改善論	スピノザ 畠中尚志訳
スピノザ エチカ（倫理学） 全二冊	畠中尚志訳
スピノザ 神・人間及び人間の幸福に関する短論文	畠中尚志訳
学問の進歩	ベーコン 服部英次郎・多田英次訳
ハイラスとフィロナスの三つの対話	バークリ 戸田剛文訳
聖トマス 形而上学叙説 ―有と本質とに就いて	高桑純夫訳
エミール 全三冊	ルソー 今野一雄訳
ルソー 告白 全三冊	桑原武夫訳
孤独な散歩者の夢想	ルソー 今野一雄訳
人間不平等起原論	ルソー 本田喜代治・平岡昇訳
ルソー 社会契約論	桑原武夫・前川貞次郎訳
政治経済論	ルソー 河野健二訳
演劇について ダランベールへの手紙	ルソー 今野一雄訳
言語起源論 旋律と音楽的模倣について	ルソー 増田真訳
道徳形而上学原論	カント 篠田英雄訳
啓蒙とは何か 他四篇	カント 篠田英雄訳
純粋理性批判 全三冊	カント 篠田英雄訳
カント 実践理性批判	波多野精一・宮本和吉・篠田英雄訳
判断力批判 全二冊	カント 篠田英雄訳
永遠平和のために	カント 宇都宮芳明訳
プロレゴメナ	カント 篠田英雄訳
人間の使命	フィヒテ 宮崎洋三訳

学者の使命・学者の本質	フィヒテ 宮崎洋三訳
ヘーゲル 政治論文集 全二冊	金子武蔵訳
歴史哲学講義 全二冊	ヘーゲル 長谷川宏訳
ブルーノ	シェリング 服部英次郎 井上庄七訳
自殺について 他四篇	ショウペンハウエル 斎藤信治訳
読書について 他二篇	ショウペンハウエル 斎藤忍随訳
知性について 他四篇	ショーペンハウエル 細谷貞雄訳
将来の哲学の根本命題 他二篇	フォイエルバッハ 松村一人 和田楽訳
不安の概念	キェルケゴール 斎藤信治訳
死に至る病	キェルケゴール 斎藤信治訳
体験と創作 全二冊	ディルタイ 柴田治三郎 小牧健夫訳
眠られぬ夜のために 全二冊	ヒルティ 草間平作 大和邦太郎訳
幸福論 全三冊	ヒルティ 草間平作 大和邦太郎訳
悲劇の誕生	ニーチェ 秋山英夫訳
ツァラトゥストラはこう言った 全二冊	ニーチェ 氷上英廣訳
道徳の系譜	ニーチェ 木場深定訳
善悪の彼岸	ニーチェ 木場深定訳

この人を見よ	ニーチェ 手塚富雄訳
プラグマティズム	W・ジェイムズ 桝田啓三郎訳
宗教的経験の諸相 全二冊	W・ジェイムズ 桝田啓三郎訳
純粋現象学及現象学的哲学考案 全二冊	フッセル 池上鎌三訳
デカルト的省察	フッサール 浜渦辰二訳
笑い	ベルクソン 林達夫訳
物質と記憶	ベルクソン 熊野純彦訳
時間と自由	ベルクソン 中村文郎訳
数理哲学序説	ラッセル 平野智治訳
ラッセル教育論	安藤貞雄訳
ラッセル幸福論	安藤貞雄訳
ラッセル結婚論	安藤貞雄訳
存在と時間 全四冊	ハイデガー 熊野純彦訳
学校と社会	デューイ 宮原誠一訳
民主主義と教育 全二冊	デューイ 松野安男訳
歴史と自然科学・道徳の原理に就て・聖 ―『プレルーディエン』より	ヴィンデルバント 篠田英雄訳
我と汝・対話	マルティン・ブーバー 植田重雄訳

アラン 幸福論	神谷幹夫訳
アラン 定義集	神谷幹夫訳
英語発達小史	H・ブラッドリ 寺澤芳雄訳
日本の弓術	オイゲン・ヘリゲル述 柴田治三郎訳
天才・悪	ブレンターノ 篠田英雄訳
比較言語学入門	高津春繁
人間の頭脳活動の本質 他一篇	ディーツゲン 小松摂郎訳
ハリネズミと狐 ―『戦争と平和』の歴史哲学	バーリン 河合秀和訳
言語 ―ことばの研究序説	エドワード・サピア 安藤貞雄訳
連続性の哲学	パース 伊藤邦武編訳
論理哲学論考	ウィトゲンシュタイン 野矢茂樹訳
自由と社会的抑圧	シモーヌ・ヴェイユ 冨原眞弓訳
根をもつこと 全二冊	シモーヌ・ヴェイユ 冨原眞弓訳
重力と恩寵	シモーヌ・ヴェイユ 冨原眞弓訳
全体性と無限 全二冊	レヴィナス 熊野純彦訳
啓蒙の弁証法 ―哲学的断想	M・ホルクハイマー T・W・アドルノ 徳永恂訳
ヘーゲルからニーチェへ ―十九世紀思想における革命的断絶 全二冊	レーヴィット 三島憲一訳